Mehr Erfolg durch 46 Studienhacks

Von Patrick Imcke

Impressum

Autor: Patrick Imcke
Covergestaltung: Rudi_Design[1]
Korrektorat und Lektorat: Dr. Maria Zaffarana[2]
Verlag und Druck: Unabhängig veröffentlicht
ISBN Taschenbuch: 9798600743861
 Bibliografische Information der Deutschen Nationalbibliothek: Die Deutsche Nationalbibliothek verzeichnet diese Publikation in der Deutschen Nationalbibliografie.[3,4]

---

[1]Vgl. Rudi_design: Profil auf 99designs, in: 99designs, [online].

[2]Vgl. Zaffarana, Maria: Korrektorat & Lektorat, in: korrektoratlektorat.de, [online].

[3]Vgl. Deutsche Nationalbibliothek: DNB, Katalog der Deutschen Nationalbibliothek, in: Deutsche Nationalbibliothek, [online].

[4]Vgl. Tredition, o.A.: Buchinnenteil (Buchblock), in: Tredition, [online].

Über den Autor

Patrick Imcke gehört „zu den jüngsten Doktoranden Deutschlands“, wie die Rheinische Post und weitere Zeitungen im Dezember 2018 titelten.[5,6,7] Im Alter von 21 Jahren schloss er sein Masterstudium der Mathematik in nur zwei statt vier Semestern Regelstudienzeit mit der Note 1,5 ab. Das „Gen*ZEO“-Magazin zeichnete ihn als einen der 25 Menschen unter 25 Jahren in Deutschland aus, die zukünftig den größten gesellschaftlichen Mehrwert schaffen würden.[8] Das Besondere dabei: Patrick ist kein Einstein, sondern ein Normalo. Sein Mathelehrer riet ihm noch eindringlich von einem Mathestudium ab, da er dafür ungeeignet sei. Seine Prognose sollte sich als falsch erweisen. In diesem Buch enthüllt Patrick erstmals die Studienhacks, mit denen ein solcher Erfolg möglich war. Die Techniken in diesem Buch werden dein Studium auf das nächste Level heben!

---

[5] Vgl. Brücker, Tobias: Mit 21 Doktorand der Volkswirtschaft, in: RP ONLINE, 30.12.2018a, [online].

[6] Vgl. Schädel, Sophie: Studium auf der Überholspur, in: akduell, 13.05.2019, [online].

[7] Vgl. Brücker, Tobias: Leichlinger Mathe-Genie ist mit 21 Jahren schon Doktorand, in: Westdeutsche Zeitung, 30.12.2018b, [online].

[8] Vgl. Gen*ZEO: Talents 2019 | Gen*ZEO, in: Gen*ZEO, 2019, [online].

Inhaltsverzeichnis

1 Vorwort

Wer hat Bock auf einen dicken Schinken von staubtrockenem Lehrbuch?
Ich auch nicht! Deshalb ist es mir wichtig gewesen, dieses Buch anschaulich und locker zu gestalten, was du beim Lesen des einen oder anderen Studienhacks definitiv merken wirst. Du wirst nebenbei sogar lernen, was die Fellfarbe von Zebras mit deinem Studium zu tun hat, aber dazu später mehr.
Vorab: Es gibt ein ziemlich bekanntes Meme zum Studentenleben, das ungefähr so aussieht: [9,10,11,12]

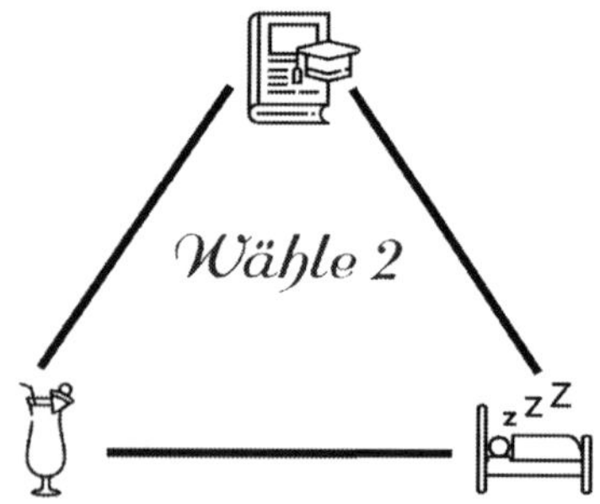

[9] Studentenleben: Profil auf Facebook, in: Facebook, 2016, [online].
[10] Vgl. Eucalyp: Thesis [Icon], in: www.flaticon.com, is licensed by CC 3.0 BY, [online].
[11] Vgl. geotatah: Slumber [Icon], in: www.flaticon.com, is licensed by CC 3.0 BY, [online].
[12] Vgl. Freepik: Cocktail [Icon], in: www.flaticon.com, is licensed by CC 3.0 BY, [online].

Es besagt schlicht und ergreifend: Entweder man hat Erfolg im Studium und ein aufregendes Sozialleben. Dann hat man keine Zeit mehr für ausreichend Schlaf. Oder man hat Erfolg im Studium und ausreichend Schlaf. Dann hat man keine Zeit mehr für ein aufregendes Sozialleben. Oder aber man hat ein aufregendes Sozialleben und ausreichend Schlaf. Dann hat man keinen Erfolg im Studium ... Klingt logisch, ist es aber nicht. Es ist Blödsinn! In diesem Buch wirst du lernen, wie all das miteinander zu vereinbaren ist. Denn eigentlich müsste das Meme folgendermaßen aussehen:

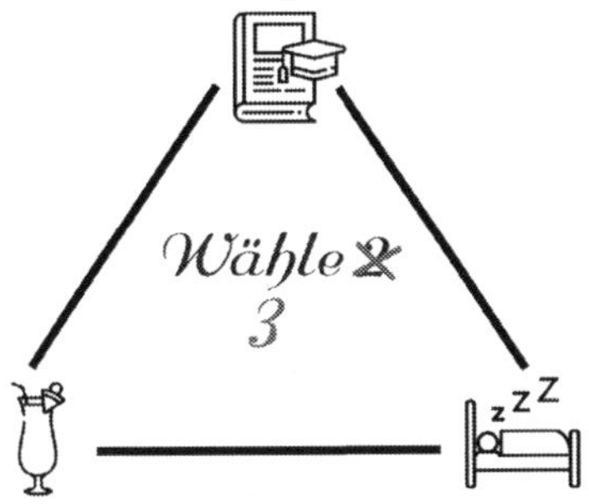

*Wie man **ALLES** erreichen kann!*

Immer häufiger wurde ich von Freunden und Studenten, die ich unterrichte, nach Tipps und Ratschlägen für ihr eigenes Studium gefragt. Es ging oft um Themen wie Selbstdisziplin, Lerntechniken, Work-Life-Balance, Motivation und Erfolg im Studium. Daher beschloss ich, das ultimative Buch zu schreiben. Eines, das ich mir selbst als junger Student gewünscht hätte. Es sollte ein Buch werden, das nicht nur Prinzipien abklopft, die nur in der Theorie funktionieren. Ein Buch, das außerhalb gesellschaftlicher Paradigmen denkt, statt Allgemeinplätze zu predigen.

„Du musst immer zur Vorlesung gehen.“„Du musst bereits einen Monat vor der Klausur anfangen zu lernen.“ Blödsinn. Schon immer hatte ich mir ein Buch aus der Feder eines Autors gewünscht, der nicht nur Tipps für ein erfolgreiches Studium gibt, sondern auch selbst authentisch diesen Erfolg im Studium verkörpert. Wäre ich auf der Suche nach Ratschlägen von vermeintlichen Experten gewesen, hätte ich mir ja wohl eher den Videokurs eines dieser Dutzenden Online-Coaches gekauft. Ich jedoch hatte mir ein Buch gewünscht, das seinen Lesern nicht nur effektive neue Techniken für gute Leistungen im Studium an die Hand gibt, sondern gute Noten zugleich in einer Symbiose sieht mit einem intakten Sozialleben und ausreichend Schlaf. Denn wer will schon zum Roboter werden, statt die beste Zeit seines Lebens zu genießen?
Das ultimative Buch zu Erfolg im Studium liegt nun vor euch. Darin werden wir gemeinsam in zwei Schritten vorgehen. Der erste Teil des Buches handelt davon, wie du deine Ziele richtig setzt, ja wie du sie überhaupt erst einmal findest. Der zweite Teil behandelt die Studienhacks, mit denen du deine Ziele schließlich erreichst. Lass uns also direkt loslegen.

2 Wie setzt man sich die richtigen Ziele?

Bevor ich dir im nächsten Kapitel meine besten Studienhacks verrate, gehen wir erst einmal noch einen Schritt zurück.

Das zentrale Element für Selbstmotivation und alle Techniken, die du in diesem Buch kennenlernen wirst, ist dein „Warum“: Warum studierst du? Wieso dieser Studiengang und nicht ein anderer? Was sind deine Ziele im Leben und warum? Hast du dir überhaupt schon überlegt, wo du im Leben hin möchtest?
Dein Warum ist dein stärkster Motivator im Studium. Es zu finden und sich in schwierigen Phasen zu vergegenwärtigen, setzt gewaltige Kräfte in dir frei. Dein Warum zu visualisieren, wird dein Anker sein, wenn die See stürmisch wird. Lebst du dein Leben einfach vor dich hin, kommst du vom Weg zu deinem wirklichen Warum ab und endest langfristig womöglich in einem Leben, in dem du keine Freude empfindet, aus dem du aber aufgrund von Verpflichtungen anderen Menschen gegenüber nicht mehr aussteigen kannst. Du läufst dann Gefahr, nicht mehr selbstbestimmt leben zu können. Wenn du dein Warum noch gar nicht gefunden hast, ist das nicht schlimm. Wir werden uns im nächsten Abschnitt damit beschäftigen, wie du versuchen kannst, es zu finden.

2.1 Wie du dein Warum findest

Einige Menschen wissen schon als Kind, was sie mal werden wollen: manche Feuerwehrmann, andere Lehrer, einige Polizist, viele Arzt. Spätestens wenn die Schulzeit zu Ende

geht, beginnen die meisten, intensiv darüber nachzudenken, was sie studieren oder was für eine Ausbildung sie machen wollen. Das ist die erste Beschäftigung mit dem eigenen Warum im Leben. Es ist jedoch nur eine Auswahl des Weges zum Warum, nicht das Warum selbst. Und wenn sie ihren Weg nun auswählen, ohne ihr Warum zu kennen, riskieren sie, den falschen Weg zu wählen und wertvolle Zeit zu verlieren.
Lass uns nun versuchen, dein Warum und das Leben zu finden, das du wirklich führen möchtest. Ich habe ein paar Fragen formuliert, die dir bei der Suche helfen können:

i) Angenommen, du könntest dein Leben frei gestalten. Wie würde es aussehen?
ii) Wie sieht dein ideales Ich aus?
iii) Angenommen, jeder Beruf wäre gleich gut bezahlt und du hättest die notwendige Qualifikation, um jeden Beruf auszuüben. Welchen würdest du wählen?
iv) Angenommen, du könntest mit jedem beliebigen Menschen den Lebensstil tauschen. Mit wem würdest du tauschen und warum?
iv) Welche Dinge haben dich in letzter Zeit besonders aufgeregt und welche davon würdest du gerne ändern?

Sobald du ein Warum für dein Leben gefunden hast, geht es darum, einen Weg dorthin zu finden. Kein Ziel ist unerreichbar, wenn dein Plan gut ist, um dorthin zu gelangen. Da du dieses Buch gekauft hast, gehe ich davon aus, dass du deinen Weg bereits durch die Wahl deines Studiums grob gewählt hast. Daher beschränke ich mich im Folgenden auf die Warums für einen erfolgreichen Studienabschluss.

Ich habe dir ein paar klassische Warums dafür aufgelistet. Vielleicht findest du dich ja darin wieder.

Mögliche Warums:
Ich möchte Erfolg im Studium, um
i) ... später finanziell unabhängig von meinem Partner zu sein,
ii) ... einen gut bezahlten Job zu bekommen und dadurch die Welt bereisen zu können,
iii) ... mich den ganzen Tag meiner studierten Leidenschaft widmen zu können,
iv) ... Menschen, die mir wichtig sind, ein gutes Leben bieten zu können,
v) ... die Welt ein Stückweit besser zu machen oder
vi) ... anderen Menschen helfen zu können.

Nun führen wir beides zusammen. Ich nenne dir dazu ein paar klassische Warums und den Weg dorthin.

i) Thomas will Arzt werden, um anderen Menschen zu helfen. Sein Warum ist es, anderen Menschen helfen zu wollen. Der Weg dahin ist das Medizinstudium.
ii) Anna möchte Unternehmerin werden, um endlich ein Problem bei einem Produkt zu beheben, das sie in ihrem Alltag nervt.
Das Warum besteht daraus, eine Lösung für ein Alltagsproblem zu finden. Ihr Weg ist der Aufbau einer Firma.
iii) Jessika möchte ihr Studium erfolgreich abschließen, um sich später ein entspanntes Leben mit Haus und Garten leisten zu können.
Das Warum ist der Wunsch eines entspannten Lebens mit

Haus und Garten. Der Weg setzt einen erfolgreichen Studienabschluss voraus.
iv) Jakob möchte später seinen Doktor machen, um immer den Tisch bei seinem Lieblings-Italiener zu bekommen.
Das Warum besteht daraus, dass Jakob gerne mal an dem schönen Tisch am Fenster sitzen würde. Zugegeben: Vielleicht gefällt ihm ja auch die dunkelhaarige italienische Kellnerin ganz gut. Der Weg dorthin ist seine Dissertation.

Als Nächstes geht es darum, dein Warum zu visualisieren. Gern gebe ich dir drei Beispiele, wie so eine Visualisierung aussehen kann.

Beispiel i): Luisa studiert Kunst und will wunderbare Gemälde kreieren. Wie könnte hier eine Visualisierung aussehen?

Die Schlange ist lang. Dichtgedrängt stehen Besucher seit Stunden an. Gleich ist es so weit: Luisas neue Bilder werden enthüllt. Hinter den Kulissen laufen letzte Vorbereitungen. Journalisten wollen schon vorab exklusive Statements von Luisa. Private Sammler haben bereits im Vorfeld ihr Kaufinteresse bekundet. Als sie das Tuch von ihrem neuesten Werk langsam wegzieht, herrscht völlige Stille. Die berühmte Stecknadel könnte man fallen hören. Die Spannung ist förmlich spürbar. Immer noch enthüllt sie ihr Gemälde. Ölschicht für Ölschicht wird von dem warmen Licht der Museumslampen bedeckt. Das, was zum Vorschein kommt, ist brillant: eine revolutionär neue Maltechnik. Handys schnellen in die Luft, um das Gemälde auf einem Foto zu verewigen ... Cut.

Beispiel ii): Max studiert Erziehungswissenschaften und will einfach eine gute Studienzeit haben:

Das Hämmern der Bässe lässt die Luft vibrieren. Irgendein Typ schläft auf einem Lautsprecher. Die Sportlerparty eskaliert gerade. Seine Freunde schwirren hier irgendwo herum. Gerade in solchen Momenten liebt es Max zu studieren. Er möchte jede Minute davon voll auskosten, aber zugleich die Regelstudienzeit nicht überschreiten. Lange Nächte, jeden Morgen ausschlafen, mit Freunden auf der Campuswiese Hegel und Freud lesen - Zugleich gerade so durch jede Klausur kommen. Bestanden ist bestanden! Ein Studium, wie es sein soll ... Cut.

Beispiel iii): Adrian studiert Wirtschaftswissenschaften und möchte später als Manager einen großen Autokonzern führen:

Er ist schon spät dran. Sein Schritt beschleunigt sich. Jahrelange Entwicklungsarbeit an einem neuen Prototyp wird heute der Öffentlichkeit vorgestellt. Die Zukunft des Unternehmens hängt vom Erfolg dieses Projektes ab. Auf Adrians Schultern lastet heute die Verantwortung für Hunderttausende Arbeitsplätze und den Automobilstandort Deutschland. Er ist bestens vorbereitet. Das neue Auto hat eine völlig neue Antriebsart. Wasserstoff war gestern. Der neue Speziallack sieht nicht nur ansprechend aus, sondern hat auch eine völlig neue Haptik beim Darüberstreichen. Im Vorbeigehen drückt ihm seine Assistentin noch die aktuellsten Marktanalysen in die Hand. Adrian erreicht den Aufzug nur noch mit einem Sprint. Ein jüngerer Kollege möchte mit seinem Chef netzwerken und steckt Adrian seine Visitenkarte zu, die er aus Höflichkeit in seine Tasche steckt. Nun ist es aber wirklich Zeit!

Die Weltpresse ist versammelt, der Raum bereits brechend voll. Der Letzte, der noch fehlt, ist der CEO-Adrian. Als er den Raum betritt, beginnt das Blitzlichtgewitter. Alle warten gespannt auf die automobile Revolution. Mit der Erfindung wird Adrian die gesamte Branche heute in ein neues Zeitalter führen ... Cut.

Warum habe ich dir diese Beispiele gezeigt? Ganz einfach: Sie illustrieren, wie die Visualisierung von Zielen aussehen kann. Jetzt bist du dran. Versuch, dein Warum zu visualisieren, so detailliert wie nur möglich. Such in deinem Warum dabei auch die kleinen Details - wie die Journalisten, die Luisa für ein exklusives Statement ein Mikrofon unter die Nase halten, oder den jungen Mitarbeiter, der die Gelegenheit zum Netzwerken mit seinem Chef Adrian nutzen will. Mach dir dabei über die folgenden Fragen Gedanken:

Denk an das Traumleben, das du führen möchtest. Denk an dein Warum. Wie sieht es aus? Wie ist die Atmosphäre? Wie beginnt dein Tag? Hast du eine Familie? Wie sieht sie aus? Welchen Beruf übst du aus? Welche Geräusche hörst du? Wie reden andere Menschen mit dir? Wo verbringt du deinen Urlaub? Welches Auto fährst du? Welche Hobbys hast du?
Achte auf die Details.

Im Idealfall hast du dir jetzt bereits vorstellen können, was für ein Leben du führen möchtest. Erfahrungsgemäß beinhalten besonders starke Warums nahestehende Menschen und altruistische Motive. Speicher deine Visualisierung gut ab. Du wirst sie noch brauchen.

2.2 Der Weg zum Warum

Ein guter Plan ist die Brücke zwischen deinem jetzigen Leben und deinem Warum. Spoiler: Du wirst deine langfristigen Ziele nicht erreichen ohne einen klaren Plan. Aber du solltest deinen Plan nicht nur im Kopf abspeichern. Du solltest ihn auch aufschreiben.

Die Psychologie-Professorin Gail Matthews hat zu diesem Thema eine interessante Studie durchgeführt.[13] Sie unterteilte Probanden in fünf verschiedene Gruppen. Gruppe eins sollte nur an ihre Ziele denken, ohne sie aufzuschreiben. Gruppe zwei sollte die Ziele mithilfe einer Online-Umfrage verschriftlichen. Gruppe drei sollte zusätzlich eine Handlungsverpflichtung formulieren. Gruppe vier sollte diese zusätzlich noch einem Freund mitteilen. Gruppe fünf sollte zusätzlich dazu dem Freund auch wöchentliche Status-Updates geben. Jetzt rat mal, welche Gruppe mit Abstand am erfolgreichsten war! Genau: Gruppe fünf. Matthews folgerte: Seine Ziele Freunden mitzuteilen, ihnen wöchentlich Rechenschaft abzulegen und überhaupt die Ziele, dich deutlich erfolgreicher machen. Die Wahrscheinlichkeit, deine Ziele zu erreichen, verdoppelt sich fast, wenn du dich an diese Punkte hältst! Was aber heißt das jetzt konkret für dich? Schreib deine Ziele auf. Teile sie guten Freunden mit und halt sie wöchentlich auf dem Laufenden.
Doch wie lange sollte man seine Ziele jetzt im Voraus planen? Aus meiner Erfahrung heraus empfehle ich dir, die großen Meilensteine für die nächsten fünf Jahre zu setzen. Fünf

[13]Vgl. Matthews, Gail: Goals Research Summary, in: Ninth Annual International Conference of the Psychology Research Unit of Athens Institute for Education and Research (ATINER), 2015, [online].

Jahre sind nicht zu weit weg, was den Zeithorizont ansonsten unplanbar machen würde, aber auch nicht zu kurzfristig gedacht.

Hiernach machen wir deine Ziele konkret, um später genau messen zu können, ob du sie erreicht hast oder dich zukünftig doch noch mehr anstrengen musst. Dabei nutzen wir die in der Managementliteratur bekannte SMART-Methode.[14] S steht dabei für spezifisch, M für messbar, A für angemessen, R für realistisch und T für terminiert. Deine Ziele sollen also präzise formuliert und somit im Nachhinein überprüfbar sein. Zudem sollen sie realistisch sein und auf einen festgelegten Zeitpunkt hin terminiert werden. Leg auch Etappenziele fest. Anschließend brichst du deine Zeile auf deinen Tagesablauf herunter.
Eine schlechte Formulierung eines Ziels aus dem alltäglichen Leben wäre: „Ich will abnehmen." Besser wäre: „Ich will im nächsten Jahr schrittweise an Gewicht verlieren, in den ersten sechs Monaten zwölf, in den nächsten sechs Monaten noch einmal sechs Kilo." Hierfür solltest du deine Abnehmziele in Kilos auf ein tägliches Kaloriendefizit herunterbrechen und dir Mahlzeiten für alle drei Tageszeiten überlegen, die das richtige Verhältnis von Eiweiß, Kohlenhydraten und Fetten die errechnete Menge an Kalorien beinhalten. Sei konkret, wenn du deine Ziele formulierst. Du willst in den nächsten fünf Jahren ein geiles Auto fahren? Welche Marke? Welches Modell? Welche Ausstattung? Gebraucht oder neu? Welcher Endpreis?
Anderes Beispiel: Angenommen, du bist Ersti und willst

[14] Vgl. Doran, George T. : There is a S.M.A.R.T way to write Management's Goals and Objectives, in: Management Review 70(11), S.35f., 1981, [online].

deinen Bachelor nach sechs Semestern mit der Note 2,0 abschließen. In der Regel sind deine ersten zwei Semester schon vorgegeben. Deine durchschnittlichen Noten sollten in dieser Zeit also auch im Bereich von 2,0 sein. Um in der Regelstudienzeit zu bleiben, solltest du alle Klausuren mitschreiben und keine verschieben. Welche Klausuren schreibst du im Vortermin, welche erst im Nachtermin? Mit den Antworten auf diese Fragen und Überlegungen weißt du nun, welche Fächer du belegen musst.

3 Zielerreichung: Studienhacks

3.1 Die Zwei-Minuten-Regel

Wenn etwas zu essen auf den Boden fällt, hast du noch zwei Minuten Zeit, es zu essen. Ansonsten musst du es wegwerfen ...

Halt, Moment. Falsche Regel. Neuer Versuch:

Erledige Aufgaben, die weniger als zwei Minuten benötigen, sofort.[15] Dazu zählt, unwichtige E-Mails zu beantworten, dich von einem nervigen Newsletter abzumelden, neue Gedanken, To-dos aufzuschreiben oder einen Termin in den Kalender einzutragen. Wirfst du sofort eine leere Verpackung weg, noch während du deine heißgeliebte Pasta kochst, findet die Regel ebenfalls Anwendung. Und wenn du gedanklich noch beim Kalender sein solltest: Du hast keinen Kalender? Dann besorg dir einen! Ich nutze dafür die App „Any.do“[16], die sowohl Kalender, als auch To-do-Liste, und dennoch simpel und übersichtlich aufgebaut ist. Wenn du „Any.do“ benutzt und die Zwei-Minuten-Regel befolgst, bist du geradezu zwangsweise perfekt organisiert.

3.2 Vorbilder finden

Auf dem Weg zu deinem Warum brauchst du Vorbilder. Googel sie. Studier sie. Riech an ihnen. Fang sie ... Moment! Kopier ihre Angewohnheiten und ihre Denkweise. Das kön-

[15] Vgl. Allen, David: Getting Things Done: The Art of Stress-Free Productivity, Revised, o.O, o.O: Verlag: Penguin Books, 2015. S.39.

[16] Vgl. Any.do Inc. „Any.do“ [Mobile application software].

nen ältere Semester sein, Jahrhundert-Unternehmer wie Elon R. Musk oder auch die Jungs von SimpleClub.[17] Am besten sollten unter deinen Vorbildern auch Menschen sein, die dasselbe Warum wie du oder wiederum das erreicht haben, was du auch erreichen willst. Wenn du zum Beispiel mal ein Top-Designer werden willst, lern von den heutigen Top-Designern. Als Startup-Gründer solltest du hingegen bei den besten Unternehmern unserer Zeit abschauen. Es wäre ein Fehler zu denken, dass solche Persönlichkeiten auf einem ganz anderen Level als du und damit unerreichbar wären. Denn sie haben ja irgendwann mal in ihrem Leben an genau derselben Stelle gestanden, an der du jetzt stehst.
Du kannst die Welt aus ihren Angeln heben und sie wird nie wieder sein wie zuvor. Du kannst derjenige sein, der Krebs heilen wird. Du kannst verkrustete Strukturen aufbrechen. Du kannst fremde Planeten entdecken. Du kannst der nächste Steve Jobs werden, der nächste Elon Musk oder die nächste Angela Merkel. Werd aber bitte nicht der nächste Donald Trump! Träum groß und lass dich von deinen Vorbildern auf deinem Weg inspirieren und begleiten.

3.3 Der umgekehrte Mengenrabatt

Stell dir vor, du hast vier Schoko-Weihnachtsmänner im Kühlschrank. Jeweils 55 Gramm reinste Vollmilchschokolade. Lecker. Dir läuft bereits das Wasser im Munde zusammen, wenn

[17] Zu den beiden Gründern Alexander Giesecke und Nicolai Schork pflege ich persönlich ein gutes Verhältnis.
Vgl. TheSimpleClub GmbH. „simpleclub - Deine Lernapp“ [Mobile application software].

du nur daran denkst. Der erste Weihnachtsmann schmeckt dir besonders gut. Du hast lange keine Schoki mehr gegessen. Der zweite schmeckt immer noch gut, aber nicht mehr so gut wie der erste. Der dritte ist ok. Er wäre eigentlich nicht mehr nötig gewesen. Den vierten hebst du dir besser für einen anderen Tag auf. Aber warum schmeckt jeder Schoko-Weihnachtsmann weniger gut als der davor? Ist doch überall die gleiche Schokolade drin!
Das nenne ich das Prinzip des umgekehrten Mengenrabattes. Ich habe es von einem Konzept der Volkswirtschaftslehre abgeleitet und auf mein Zeitmanagement angewendet:[18] Bei einem Mengenrabatt lohnt sich der Kauf von weiteren Einheiten immer mehr, weil der Preis dann immer weiter sinkt. Manche Entscheidungen verhalten sich jedoch genau umgekehrt. Je mehr du schon von etwas Schönem genossen hast, desto weniger erfüllt dich eine weitere Einheit davon. Das gilt nicht nur für Netflix-Zeit. Es gilt auch für andere Bereiche wie Urlaub. Ab einer gewissen Anzahl an Tagen bist du vollkommen erholt. Dann bringt dir jeder zusätzliche Tag Urlaub immer weniger Entspannung als der vorherige. Das Prinzip lässt sich auf viele Aktivitäten übertragen, die Spaß machen. Ich empfehle dir, Aktivitäten dieser Art einzustellen, sobald dir eine weitere Stunde davon nicht mehr viel Freude bereitet. An dieser Stelle kannst du Zeit einsparen, ohne deine Freizeit dafür stark beschneiden zu müssen. Es kann zum Beispiel sinnvoll sein, statt einem längeren Urlaub mehrere kurze Wochenendtrips oder 5-Tage-Urlaube zu machen. Mit einer insgesamt identischen Anzahl an Urlaubstagen führt das nach meiner Erfahrung zu mehr Entspannung. Für kurze Ferien sollte sich natürlich die Zeit für An-und Abreise

[18] Vgl. Bundeszentrale für politische Bildung, o.A.: Grenznutzen, in: Bundeszentrale für politische Bildung, 2016, [online].

in Grenzen halten. Carmen Binnewies, Professorin für Arbeitspsychologie, hat herausgefunden, dass es viel sinnvoller ist, mehrere kurze Urlaube statt einen längeren Urlaub zu machen.[19] Auch die Mär vom Erholungseffekt, der erst nach mehr als einer Woche eintritt, hat sich nicht bestätigt.
Du kannst die Regel des umgekehrten Mengenrabattes auf viele Dinge anwenden: Du kannst deine Lieblingsserie immer nur zwei Stunden am Stück schauen. Dann kostest du jede Stunde Zeit, die du bei Amazon Prime verbringst, besonders aus. Je nachdem, wie ambitioniert du dir deine Ziele gesteckt hast, kann es dann lohnenswert sein, die gewonnene Zeit ins Studium zu investieren, statt noch einen weiteren Urlaubstag dranzuhängen oder eine weitere Stunde mit derselben Freizeitaktivität zuzubringen.

3.4 Das Eisenhower-Prinzip

Der Name kommt dir irgendwie bekannt vor, stimmt's? Genau, Eisenhower ist zu einer Zeit US-Präsident gewesen, in der sogar deine Eltern noch jung gewesen sind.

Wir zeichnen eine Tabelle mit vier Feldern, in die wir später unsere To-Dos einordnen wollen.[20] Über das obere linke Feld schreiben wir „dringend“. Über das Feld rechts daneben

[19] Vgl. Röttker, Corinna Clara: Zwei Tage Urlaub können besser als vier Wochen sein, in: DIE WELT, 08.09.2017, [online].

[20] Die Eisenhower-Methode wurde von Dwight D. Eisenhower erfunden und ist bis heute ein Klassiker der Zeitmanagement-Literatur. Vgl. Mai, Jochen: Eisenhower-Prinzip: Wichtig versus Dringend, in: karrierebibel.de, 14.01.2017, [online].

„nicht dringend". Neben das Feld oben links schreiben wir „wichtig". Neben das Feld darunter schreiben wir „nicht wichtig". Hier einmal das Ganze im Miniaturformat:

	dringend	nicht dringend
wichtig		
nicht wichtig		

Nun teilen wir unsere To-Dos auf die vier Felder der Tabelle auf. Dringend ist in der Regel alles, was bis zu einem bestimmten Tag fertig sein muss. Wichtig ist alles, was große Auswirkungen auf die Erreichung deiner Ziele hat. Wir bewerten die Wichtigkeit mit der in der Zeitmanagement-Literatur bekannten ABC-Methode.[21]

Diese stelle ich dir hier direkt in Verbindung mit dem Eisenhower-Prinzip vor: Die Aufgaben im Feld oben links sind die A-Aufgaben, die Aufgaben im Feld rechts daneben B-Aufgaben. Alle Aufgaben im Feld unten links sind C-, alle Aufgaben im Feld unten rechts D-Aufgaben. Zur Veranschaulichung sehen wir uns eine ausgefüllte Tabelle im Miniaturformat an. Wir nehmen der Einfachheit halber an, dass in jedes der vier Felder jeweils gleich viele Aufgaben fallen, was natürlich in der Realität meistens nicht der Fall ist. Dann ergänzen wir hinter jeder Aufgabe ihre Priorität, also A, B, C oder D.

[21] Vgl. Management Circle, Gastredakteur: Zeitmanagement mit der ABC-Analyse, in: Management-circle.de, 02.07.2018, [online].

	dringend	nicht dringend
wichtig	bla (A)	blabla (B)
	blibla (A)	blubla (B)
nicht wichtig	blub (C)	blubblub (D)
	bliblablub (C)	bloblablub (D)

Machen wir mal ein Beispiel für A-, B-, C- und D-Aufgaben: Ich gebe dir ein paar To-Dos und du sagst mir, wie du welche einordnen würdest, einverstanden? Deine Aufgaben für heute sind: mit dem Hund spazieren gehen, vielleicht mal wieder zum Friseur gehen, die Hausaufgabe für morgen fertig machen, die Hausaufgabe für übermorgen erledigen, die letzte Vorlesung zusammenfassen, staubsaugen, ein Paper lesen, das dein Professor noch ergänzend für ein besseres Verständnis bis zur nächsten Vorlesung zu lesen empfohlen hat und mal wieder deine beste Freundin anrufen. Wie würdest du die einzelnen Aktivitäten einordnen? Priorität A hat natürlich die Hausaufgabe für morgen, denn die ist schließlich wichtig und dringend. Deine beste Freundin anzurufen, hat Priorität B: wichtig, aber nicht dringend. Die Aufgabe hätte hingegen Priorität A, wenn deine beste Freundin gerade in Tränen aufgelöst auf deinen Anruf wartet. Dann wäre der Anruf dringend. Die Hausaufgabe für übermorgen ist ebenfalls sowohl wichtig als auch dringend. Mehr als zwei A-Aufgaben pro Tag solltest du aber möglichst nicht vergeben. Mit dem Hund herauszugehen, würde ich versuchen, auf die Geschwister oder wen auch immer abzuwälzen. Das ist eine C-Aufgabe. Die letzte Vorlesung zusammenzufassen, ist zwar wichtig, aber nicht dringend, daher eine B-Aufgabe. Das zusätzliche Paper deines Profs zu lesen, ist eine C-Aufgabe: dringend, aber nicht wichtig. Damit kann sie von deiner To-

Do-Liste für heute gestrichen werden. Und der Friseurbesuch ist, wenn nicht gerade ein Vorstellungsgespräch ansteht, weder wichtig noch dringend, also D. Staubsaugen ist eine C- oder D-Aufgabe - je nachdem, wie es bei dir aussieht. Die Priorisierung hängt zudem immer von deinem Ziel ab. Nehmen wir an, dein Ziel ist es an dem Tag nicht, gute Leistungen für die Uni zu bringen, sondern deine Wohnung für ein Date vorzubereiten. Dann wären Staubsaugen und der Friseurbesuch A-Aufgaben. Zudem solltest du dir vielleicht überlegen, deinen Hund mit Leckerlis zu bestechen, damit er später lieb ist.
Was nützt uns so eine Tabelle jetzt? Die Aufgaben, die wichtig und dringend sind (A-Aufgaben), erledigen wir als Erstes. Als Nächstes erledigen wir die Aufgaben, die wichtig und nicht dringend sind (B-Aufgaben). Diese Aufgaben bekommen in der Regel viel zu wenig Aufmerksamkeit! Dann machen wir die Aufgaben, die nicht wichtig, aber dringend sind (C-Aufgaben) - oder delegieren sie, wenn möglich. Die Aufgaben, die nicht wichtig und nicht dringend sind, erledigen wir gar nicht. Bye Bye! Adios Amigos! Tschö mit ö!

Generell stehen A-Aufgaben für das, was getan werden muss. B-Aufgaben sind die, die erledigt werden sollten. C-Aufgaben *können* getan werden. Im Laufe des Tages beginnst du nun also, deine Aufgaben von A über B und dann vielleicht noch C abzuarbeiten, in genau dieser Reihenfolge. Am besten hast du den Tag schon am Vorabend geplant und die ungefähre Dauer jedes einzelnen To-Dos geschätzt.[22]
Das Eisenhower-Prinzip hilft dabei, die richtigen Prioritäten beim Abarbeiten und Strukturieren deiner Liste zu setzen.

[22]Vgl. Naujokat, Torben: Zeitmanagement: Von Eisenhower-Prinzip bis ABC-Analyse, in: modu-learn.de, [online].

3.5 Das Pareto-Prinzip

Diese Regel ist ein Klassiker.[23] Sie besagt, dass wir 80 Prozent unserer Arbeit in 20 Prozent der Zeit schaffen. Für die restlichen 20 Prozent der Arbeit benötigen wir dann die restlichen 80 Prozent der Zeit.
Perfektionismus bei einer Aufgabe kann also dazu führen, dass eine andere zu kurz kommt. Meiner Erfahrung nach lohnt es sich, mehr *wohldosierten* Perfektionismus an den Tag zu legen. Überleg dir, welche deiner To-Dos besonders große Auswirkungen auf deine Ziele haben. Diese besonders relevanten Aufgaben haben wir ja schon im Kapitel zum Eisenhower-Prinzip identifiziert. Bei diesen kannst du ruhig optimieren und nach 100 Prozent streben. Bei allen anderen Aufgaben solltest du 80 Prozent anpeilen. Mach nicht den Fehler, 100 Prozent (vor allem nicht bei nebensächlichen To-Dos!) von dir selbst zu fordern. Das ist langfristig nicht zu schaffen. Es führt dazu, dass zwar einige Aufgaben mit 100 Prozent erledigt werden, aber andere überhaupt nicht. Strebe also nicht stets nach 100, sondern in der Regel nach 80 Prozent. Nur bei wichtigen Aufgaben kannst du ruhig auch nach 100 Prozent streben.

3.6 Die Pomodoro-Technik

Auch diese Technik solltest du kennen.[24] Wenn ich sie nutze, starte ich dafür die App „Clockwork-Tomato“. Tomate heißt

[23] Vgl. Mai, Jochen: Pareto Prinzip: Die Gefahr der 80-20-Regel, in: karrierebibel.de, 09.10.2019b, [online].

[24] Vgl. Mangold, Thomas: Produktiver arbeiten mit der Pomodoro-Technik?, in: selbst-management.biz, [online].

Pomodoro auf Italienisch. Schlau, oder? Und Clockwork wie ... Clockwork. Irgendwas mit Uhrwerk eben. In der App startest du einen Timer, um damit eine 25-minütige Lernphase einzuleiten. Eine Minute vor Ende klingelt es, damit du dich schon einmal mental aufs erste Ende vorbereiten kannst. Wenn die 25 Minuten dann ganz vorbei sind, klingelt die App ein zweites Mal. Dann hast du fünf Minuten Pause. Eine Minute vor Ende der Pause klingelt die App erneut, und zum Beginn der zweiten Lernphase noch einmal. Nach vier Lernphasen folgt eine 15-minütige Pause.

Eine Frage wäre da allerdings noch: was macht man eigentlich in den Pausen? Erfahrungsgemäß würde ich sagen, dass du fast alles machen kannst, was nicht süchtig macht. Schlecht wäre es, Facebook zu starten. Hingegen kurz bei Whatsapp etwas beantworten geht, solange du keine tiefgreifende Unterhaltung beginnen willst. Kurz draußen spazieren zu gehen, ist auch immer eine gute Idee, sich zwei Minuten vor Ablauf der Pause auf dem Balkon eine Zigarette anzuzünden hingegen nicht. Wichtig ist, dass du dich, wenn der Timer klingelt, wieder sofort an die Arbeit machen kannst. Am besten sind also Aktivitäten, die du auf der Stelle unterbrechen kannst.
Bestimmt hast du dich gewundert, dass die App bewusst Pausen für dich einplant. Aber das ist wichtig. Denn stundenlanges Arbeiten ohne Pausen ist nicht zielführend. Forscher aus Lettland haben herausgefunden:[25] „Probanden, die sehr regelmäßig kurze Pausen einlegten, waren deutlich leistungsfähiger als andere Mitarbeiter, die mehrere Stunden am Stück durcharbeiteten. Sie hatten ein höheres Konzentrationslevel und ließen sich deutlich seltener von ihrer Arbeit

[25] Vgl. Wilke, Anna: Arbeitsrhythmus Der Schlüssel zu mehr Produktivität, in: Impulse, 06.01.2016, [online].

ablenken. Sie landeten seltener auf Facebook oder überprüften kurz ihre E-Mails." Auch ich habe die Erfahrung gemacht, dass es nicht sinnvoll ist, aus falsch verstandenem Ehrgeiz stundenlang pausenlos zu lernen. Das hat bei mir selbst nur dazu geführt, dass ich dafür später eine viel längere Pause gemacht habe. Und die artet dann meistens aus. Sie ist meistens länger als die vielen kleinen Pausen zusammen. Das Schöne an der App ist, dass du die Entscheidung, wann du Pause machst und wann du lernst, der App überlässt. Somit kommst du nicht in Versuchung, Pausen eskalieren zu lassen. Ich empfehle dir, dich auch wirklich streng an die Vorgaben der App zu halten. Wenn sie „Arbeiten!" sagt, dann arbeitest du auch. Während die App läuft, versuche ich sogar immer, ablenkende Gedanken zu unterdrücken. Denk am besten an nichts anderes als an die Aufgaben vor dir. Keine Ablenkung! Und wenn die App „Pause!" sagt, mach auch Pause. Dann darfst du nicht weiterarbeiten. Kein falscher Ehrgeiz! Wenn du das Bimmeln der App hörst, lässt du den Stift fallen. Widersetzt du dich der angeordneten Pause durch die App, wirst du dich bald auch dem Arbeitsbimmeln widersetzen. Also fang lieber gar nicht damit an, dich der App zu widersetzen. Die App ist die Chefin. Wenn du mit der App zwei Stunden lang arbeitest (ein Zyklus von vier Runden), wirst du nach meiner Erfahrung so viel schaffen, wie sonst in sechs Stunden. Die Arbeit ist aber unheimlich anstrengend. Das möchte ich dir nicht verschweigen.
Wenn du mit der App zu arbeiten beginnst, wirst du allerdings schon bald massive Produktivitätssteigerungen feststellen. Versprochen!

3.7 Aufgabenblöcke

Montag, 18Uhr: Du bist gerade im Supermarkt, um dich vor dem Lernen zu drücken. Wer kennt das nicht? Du schlenderst durch die einzelnen Gänge und gehst im Kopf die Produkte durch, die dir noch fehlen, um dir heute Abend - wer hätte es gedacht? - Nudeln kochen zu können. Der eine oder andere Artikel, den du überhaupt nicht brauchst, landet ebenfalls im Einkaufswagen. Backofenreinigungsspray! Das hat dir schon immer gefehlt. Du hast zwar gar keinen Backofen, aber das lässt sich bestimmt genauso gut für die Mikrowelle nutzen. Anmerkung des lebenserfahrenen Autors: lässt es sich nicht. Du kaufst also Produkt für Produkt auf deiner visualisierten Einkaufsliste. Ganz selbstverständlich gehst du nicht für jedes Produkt, das du brauchst, an einem anderen Tag wieder in den Supermarkt. Du betrachtest den Kauf aller Zutaten als ein To-Do, nicht als ganz viele einzelne. Du erledigst die kleinen Aufgaben also ganz selbstverständlich in einem Block, weil es sich eben so anbietet.

Was im Alltag völlig intuitiv ist, wird bei der Aufgabenbewältigung im Studium hingegen oft sträflich vernachlässigt. Manche To-Dos lassen sich halt naturgemäß super zusammen erledigen. Du musst noch mit dem Hund raus und ein Telefonat führen? Kombinier doch beides. Du solltest nur kurz pausieren, wenn dein Hund sich wieder einmal eine schmackhafte Mahlzeit aus dem Mülleimer fischt. Anderes Beispiel: Du musst noch einkaufen und dir dringend deine Haare schneiden lassen. Sorry ... alle sagen das. Der Friseur liegt ganz in der Nähe des Einkaufszentrums. Dann erledige doch auch diese beiden Aufgaben in einem Abwasch. Das spart Wege und damit Zeit. Noch ein Beispiel: Du willst dich mit deiner Lerngruppe in der Uni treffen und auch in die Sprechstunde deines Übungsleiters, weil es der Prof wieder einmal nicht gebacken bekommen hat, die einfachsten Sachverhalte zu erklären. Statt zweimal hin und zurück zur Uni zu fahren, leg beide Termine doch besser zusammen, also natürlich nicht auf dieselbe Zeit ... Denn wenn ihr mit fünf Mann im Büro deines introvertierten Dozenten auftaucht, bekommt er Panikattacken. Aber mach doch die Termine mit Dozent und Lerngruppe am selben Tag mit 30 Minuten zeitlichem Abstand dazwischen.

Manche Aufgaben lassen sich besonders gut zusammen in einem Aufgabenblock erledigen. Wenn du darauf bei deiner Tagesplanung Rücksicht nimmst, kannst du Zeit sparen.

3.8 Störende Gedanken beim Lernen

Ich ziehe also die Wurzel aus ... hey, sind Zebras eigentlich schwarz mit weißen Streifen oder aber weiß mit schwarzen Streifen? Und irgendwie muss ich gerade an diese total peinliche Situation aus der zehnten Klasse denken. Und wann gibt mir Sarah eigentlich meinen Lieblings-Pullover wieder? ... Und schwupp bist du nicht mehr konzentriert.

Ablenkende Gedanken sind allgegenwärtig. Im Kapitel zur Pomodoro-Technik habe ich dir eine tolle App dagegen vorgestellt. Wenn du sie wie beschrieben nutzt, kannst du ablenkende Gedanken beim Lernen bereits stark reduzieren. Sobald du merkst, du wirst unkonzentrierter, starte die App. Lass störende Gedanken gar nicht erst zu. Je länger du über andere Dinge als deine Arbeit nachdenkst, desto schwieriger wird es, dich wieder zu konzentrieren.

Ach ja: Um die Frage zu beantworten, die du dir jetzt schon

die ganze Zeit stellst: Sie sind schwarz mit weißen Streifen, nicht weiß mit schwarzen Streifen. Sie haben als Föten ein schwarzes Fell und entwickeln dann weiße Streifen, um sich besser vor stechenden Insekten zu schützen.[26] Gern geschehen!

3.9 Sicheres Auftreten

Die Hände fangen an zu schwitzen. Unter deinen Achseln hat sich bereits Schweiß gebildet. Alle schauen dich an. Plötzlich sagt man Sätze à la „Ich heiße nicht nur Patrick, sondern euch auch herzlich wilkommen". Doch du hast ganz vergessen, was du sagen wolltest. Die Präsentation ging voll daneben! Aber wie kann das sein? Du hattest doch fachlich eigentlich alles drauf. Warum kamen die Wörter nicht aus deinem Mund? Hätte man ja nicht ahnen können, dass der Vortrag so läuft! Doch, hätte man. Ich will es dir an einem Beispiel klarmachen. Was ist, wenn ein Boxer zwar eifrig Techniken vorbereitet, aber sich nicht auf die eigentliche Wettkampfsituation vorbereitet? Sich nicht auf den Gegner einstellt, nicht an seinen im letzten Kampf offenbarten Schwächen feilt? Dann wird er im Ring untergehen. Du bist hier der Boxer. Du hast inhaltlich alles draufgehabt, aber bist bei der Präsentation zum ersten Mal in den Ring gestiegen. Dann kann man auch keine Wunder erwarten. Aber wie kann man sich besser wappnen für solche Situationen? Wie kann man generell besser auftreten? „Reden lernt man durch reden", haben

[26] Du bist Biologie-Student, oder? Erwischt!
Vgl. Schmitt, Peter-Phillip: Ich würde meinem Freund einen Zebralook verpassen, in: FAZ, 11.08.2013, [online].

schon die Rapper von „187-Straßenbande“ gesagt. Vielleicht war es auch Cicero.[27] Der Schlüssel ist es, regelmäßig zu trainieren und zu üben. Wie bei allem im Leben. Jetzt könntest du vielleicht sagen: „Ja, aber vor vielen Menschen zu sprechen, macht mir Angst.“ Und ich verstehe das! Ich bin auch mal an genau dieser Stelle gewesen. Aus meiner Erfahrung kann ich dich beruhigen: Wenn man sich immer und immer wieder seiner Angst stellt, kann man jede Angst überwinden. Dann gibt es für dich keine Grenzen. Du kannst also deine Angst besiegen, indem du dich immer und immer wieder freiwillig in diese Situation bringst. Stell doch mal die Ergebnisse einer Gruppenarbeit vor, oder frag deinen Dozent, ob du ein freiwilliges kurzes Referat halten kannst. Oder halt eine kurze Rede auf der nächsten Familienfeier. Tante Erna wird ohne ihr Hörgerät sowieso die Hälfte deiner Rede nicht verstehen. Übung macht den Meister. Ich empfehle dir, bevor du einen Vortrag hältst, vorher mehrmals mit Freunden zu üben. Und lass dir zwischendurch alle Fragen stellen, die dir Zuhörer oder dein Dozent beim Vortrag stellen könnten. Je öfter du deinen metaphorischen Boxkampf vorher probst, desto härter trifft später jeder Schlag von dir. Versuch so oft zu üben, bis du deinen Vortrag auswendig kannst. Das wirkt viel lebendiger, als wenn du dich an Stichpunkten auf den Kärtchen in deiner Hand entlanghangelst. Du brauchst sie nicht. Wenn du deinen Text oft genug trainiert hast, wirst du zudem deutlich weniger Füllwörter Ähs und Ehms benutzen - im Optimalfall gar keine mehr, denn durch sie wirkst du unprofessionell. Ich mache bei Vorträgen oder Reden einfach immer eine kurze Sprechpause, wann immer ich sonst beim Nachdenken über den nächsten Satz ein Füllwort

[27] Vgl. Cicero, Marcus Tullius: [Zitat], in: Aphorismen.de, [online].

benutzen würde. Niemand ist dir böse, wenn du nicht die ganze Zeit durchgängig redest. Ganz im Gegenteil! Wenn du dir erlaubst, zwischendurch Pausen zu machen oder einen Schluck Wasser zu trinken, wirkt das sogar sehr souverän und gelassen. Und bitte beginn deine Präsentationen nicht mit einem Satz wie „Die Folien sind leider nicht ganz fertig geworden“ oder anderen Formulierungen, die dich selbst in einem schlechten Licht dastehen lassen, auch nicht mit „Ich bin ein bisschen nervös“. Davon kriege nicht nur ich Kopfschmerzen. Denn es weckt keine Sympathien. Es lässt die Zuhörer nur an deiner Kompetenz und der Aussagekraft deiner Präsentation zweifeln. Vielleicht wäre es ihnen bei einer guten Präsentation ja gar nicht aufgefallen.

Noch ein paar Ratschläge zur richtigen Körpersprache, die ich auf dem YouTube-Kanal „Redefabrik-Kommunikation & Charisma“ gelernt habe:[28] Beim Präsentieren sollten sich deine Arme immer über der Gürtellinie befinden. Das bedeutet nicht, dass du die Merkelraute machen sollst. Aber unterstreich das, was du sagst, ruhig mit Gesten. Je nach Situation sind andere Gesten passend. Du kannst zum Beispiel, wenn du dominanter wirken willst, besonders raumeinnehmende Gesten nutzen. Erfahrungsgemäß kann man sich, sofern man den Vortrag auswendig kennt, auch mehr auf Gestik und Mimik konzentrieren. Deren Bedeutung ist nicht zu unterschätzen. Der Psychologe Albert Mehrabian hat herausgefunden: Ob wir jemanden mögen oder nicht hängt zu 93 Prozent von seiner non-verbalen Kommunikation ab, sprich

[28]Vgl. Held, Benedikt: RedeFabrik: Kommunikation & Charisma, in: YouTube, [online].

von Gestik, Mimik, Intonation und so weiter.[29] Dieses Resultat gilt jedoch nur für die Kommunikation von Gefühlen und Einstellungen. Du kannst die Studie also nicht auf einen Vortrag über Kernphysik beziehen. Dennoch erlaubt sie eine Vorahnung, wie wichtig non-verbale Kommunikation ist. Glaub mir: Es ist wichtiger, *wie* du etwas sagst, als *was* du sagst. Ob du dabei für kompetent gehalten wirst, hängt zudem stark davon ab, wie souverän du etwas vorträgst.

Wie hält man jetzt einen guten Vortrag? Du hältst Augenkontakt zum Publikum. Deine Schultern sind nach hinten gezogen. Du stehst aufrecht und standhaft. Du wippst nicht auf deinen Beinen. Beim Sprechen machst du gezielte rhetorische Pausen oder baust auch mal einen Witz ein. Das Publikum lächelst du an und das Publikum lächelt zurück. Das liegt auch daran, dass du bereits vorher ein paar kurze Gespräche mit Leuten aus dem Publikum geführt hast, um dir einen Rückhalt bei ihnen zu sichern. Du variierst im Vortrag Stimmlage und Lautstärke, um Spannung zu erzeugen und wichtige Stellen zu betonen.

Das sind die Feinheiten, die ich selbst bei Reden und Vorträgen nutze. Natürlich darfst du dabei keinen völligen Blödsinn erzählen. Am besten glänzt du rhetorisch und fachlich. Tatsächlich zeigen Studien, dass unfähige, aber zugleich sehr selbstbewusste Menschen besonders hoch in Hierarchien aufsteigen.[30] Das liegt daran, dass Selbstvertrauen oft mit Kompetenz verwechselt wird. Du siehst also, wie wichtig es ist,

[29]Vgl. Mehrabian, Albert: "Silent Messages" – Description and Ordering Information, in: KAAJ.com, 1981, [online].

[30]Vgl. Chamorro-Premuzic, Tomas: Do So Many Incompetent Men Become Leaders?, in: Harvard Business Review, 22.08.2013, [online].

selbstbewusst und souverän während eines Vortrags zu wirken.
Wenn du die vielen kleinen rhetorischen Kniffe beachtest und mehrfach vorher probst, kannst du in Zukunft souveräner die Inhalte deiner Präsentationen transportieren.

3.10 Strategie des größten Deltas Δ

Ihh-gitt! Ein griechischer Buchstabe. O ja: Die Griechen waren schon immer ein intelligentes Völkchen. Um diese Produktivitätstechnik besser zu verstehen, stell dir bitte die folgende Situation vor: Du musst noch aus vier Bereichen für die nächste Klausur lernen. Die Themen 1 bis 4 werden in aufsteigender Reihenfolge schwieriger, aber auch klausurrelevanter. Dabei nehmen wir an, dass die Themen nicht aufeinander aufbauen. Welches Thema lernst du als Nächstes? Der klassische Student beschäftigt sich mit Thema 1, weil es am angenehmsten zu lernen ist. Die richtige Strategie wäre genau umgekehrt: Du solltest zuerst Thema 4 lernen, weil dadurch deine Klausurnote am stärksten beeinflusst wird.
Allgemein geht es bei der Strategie des größten Deltas darum, zu jeder Zeit an der Aufgabe zu arbeiten, die den größten Einfluss auf das Erreichen deines Ziels hat. Diese Aufgabe ist dann das größte Delta. Indem du immer an der Stellschraube mit dem größten Einfluss auf dein Ziel drehst, machst du die schnellsten Fortschritte. Bedenke dabei, dass deine To-Do-Liste ein lebendiges Dokument ist. Ständig kommen neue Punkte dazu. Es kann sein, dass du für manch unwichtige Aufgabe gar keine Zeit mehr haben wirst. Da ist es selbstverständlich besser, wenn aus Zeitgründen am Ende eine eher un-

wichtige Aufgabe von der Liste fällt als eine wichtige. Mit der Technik fokussierst du dich also immer automatisch auf die wichtigsten Aufgaben. Beachte hierzu auch das Unterkapitel über die Eisenhower-Technik.

3.11 Vorsicht vor dem Zeitdieb

Er kommt in Form deiner Freunde, eines coolen neuen Smartphone-Spiels oder deiner Gedanken. Dauernd Stories für Instagram machen, große Whatsapp-Gruppen, Facebook News Feed - oft bemerken wir gar nicht, das er da ist: der Zeitdieb. Nein, du musst nicht immer irgendwas für andere Leute machen: einem entfernten Bekannten beim Umzug helfen, dauernd Videos von dir hochladen (wenn nicht gerade der Aufbau einer Marke zu deinen Zielen gehört). Ein besonders schlimmer Zeitdieb sind soziale Medien. Hier verbringen wir durchschnittlich 64 Minuten pro Tag.[31] Wer will schließlich nicht wissen, was der neueste Gossip ist? Und eine Reportage über die Produktion von Toilettenpapier ist jetzt genau das Richtige.
Ich empfehle, die Nutzung dieser Medien einzugrenzen. Man kann dazu auf seinem Handy Timer für Apps festlegen.[32] Wenn du wie ich ein Handy mit einem Android-Betriebssystem hast, gib mal in der App-Suche „Digitales Wohlbefinden“ ein. Bei einem iOS-Betriebssystem solltest du in die Einstel-

[31] Vgl. Rabe, L.: Ranking der Länder mit höchster durchschnittlicher Nutzungsdauer von Social Networks weltweit im Jahr 2018, in Statista, [online].

[32] Vgl. Rein, Jan: Digital Wellbeing – Apple und Google kümmern sich um digitales Wohlbefinden, in: janrein.de, [online].

lungen gehen und nach „Bildschirmzeit“ suchen. Du kannst dann zum Beispiel eine maximale Nutzungsdauer für Insta und Facebook einstellen. Erfahrungsgemäß ist ein tägliches Zeitlimit von insgesamt 30 Minuten für alle sozialen Medien zusammen fair. Danach lässt sich die entsprechende App für den Rest des Tages nicht mehr öffnen. Das ist am Anfang schmerzhaft. Soziale Medien sind ja schließlich dazu konzipiert, dich abhängig zu machen.[33] Nehmen wir als Beispiel den News Feed bei Facebook. Die Ungewissheit, ob bald wieder durch einen interessanten Post ein Kick des Glückshormons Dopamin auf dich wartet, bringt dich dazu, immer weiter zu scrollen. Und um zu checken, ob du neue Likes, Freundschaftsanfragen oder Kommentare hast, öffnest du die App immer und immer wieder. Ewig durch seinen News Feed zu scrollen und immer wieder die App zu öffnen, ist aber eigentlich Zeitverschwendung.
Versuch, die Zeitdiebe zu bändigen!

3.12 Kosten der verlorenen Alternative

Es gibt immer mehrere Möglichkeiten, seine Zeit zu nutzen. Wann immer du dich für eine bestimmte entscheidest, entgehen dir viele andere Alternativen, wie du sie hättest investieren können. Den entgangenen Mehrwert der *besten* Möglichkeit bezeichnen wir fortan als „Kosten der verlorenen Alternative“. Ich habe es von einem Konzept aus den Wirtschaftswissenschaften abgeleitet und verwende es seit-

[33] Vgl. Parkin, Simon: Has dopamine got us hooked on tech?, in: The Guardian, 04.05.2018, [online].

dem für mein Zeitmanagement.[34]
Beginnen wir mit einem Beispiel: Du hast die Möglichkeit, heute um 12 Uhr eine Stunde Nachhilfe zu geben. Dafür erhälst du 15 Euro. Stattdessen kannst du aber auch in der Zeit einfach eine Stunde „House of Cards“ schauen. Frank Underwoods Machenschaften klingen irgendwie spannender als Nachhilfe. Wenn du dich für die Serie entscheidest, kostet dich diese Stunde 15 Euro entgangenen Lohn fürs Unterrichten.
Lass uns das Beispiel noch erweitern: Stell dir vor, zu dem Beispiel von gerade kommt noch eine dritte Möglichkeit dazu. Du könntest in der Zeit auch für 10 Euro Lohn eine Stunde lang Flyer auf dem Campus verteilen. Was wären jetzt die Kosten der verlorenen Alternative? Antwort: immer noch 15 Euro. Es geht ja um den verlorenen Mehrwert (in diesem Fall Geld) der *besten* Alternative.
Jetzt könntest du argumentieren, dass du in der Realität sowieso immer nur abends fernsiehst und in dieser Zeit gar keine Nachhilfe möglich wäre. Dann müssten doch keine Kosten der verlorenen Alternative anfallen, oder? Doch! Denn als Student kannst du dir viele Stunden Lernzeit unter der Woche selbst flexibel einteilen. Du verlierst also abends durch eine zusätzliche Stunde vor der Glotze eine Stunde Lernzeit. Die musst du dann zu einer anderen Zeit nachholen. Mit großer Wahrscheinlichkeit gibt es in deiner Woche während des Lernens alternativ die Möglichkeit, Nachhilfe zu geben oder anderweitig Geld zu verdienen. Also sind dir die Kosten der verlorenen Alternative tatsächlich entstanden.
Und was ist, wenn du schon alles für die Woche gelernt hast und es nichts mehr zu tun gibt? Oh, glaub mir, man kann

[34]Piekenbrock, Dirk: Opportunitätskosten, in: Gabler Wirtschaftslexikon, 19.02.2018, [online].

immer mehr tun, ob im Studium oder beim Erlernen neuer berufsrelevanter Fähigkeiten. Und was ist, wenn du gar keinen studentischen Nebenjob hast? Dann kostet dich die Stunde Netflix immer noch eine Stunde Zeit, die du in deine Weiterbildung hättest investieren können. Zusammenfassend: Sobald du also eine Stunde Lernen durch eine Stunde Fernsehen ersetzt, musst du das Lernen zu einer anderen Zeit nachholen - womöglich zu einer Zeit, zu der du alternativ arbeiten könntest. Dann entstehen Kosten der verlorenen Alternative.

Dieses Konzept, solltest du bitte nicht auf Zeit mit Freunden, Partner und Familie oder auf deine persönliche Weiterbildung anwenden, sondern nur auf Zeit, in der du alleine bist. Ansonsten würden deine zwischenmenschlichen Beziehungen darunter leiden. Die Zeit mit deinen Liebsten sollte nicht durchökonomisiert werden.
Die richtige Handhabung dieser Regel ist schwierig. Aber das Prinzip ist enorm wirkungsvoll. Wenn du die Regel befolgst, wirst du viele Aktivitäten deutlich zurückfahren, die dich deinen Zielen nicht näherbringen. Weniger Streaming, weniger YouTube, weniger soziale Medien, weniger Zeit totschlagen in Shisha-Bars und Co, einfach weil dir bewusst wird, wie teuer diese Aktivitäten eigentlich sind. Durch diese Regel bekommt Zeitverschwendung erstmals ein Preisschild. Dadurch werden aber nicht nur deine Noten besser, weil du deutlich mehr Zeit in deine eigenen Fähigkeiten investierst. Zugleich ist das Opfer an Freizeit dafür gering. Freizeit zweiter Klasse, wie beschrieben verschwindet einfach. Freizeit erster Klasse, nämlich Zeit mit Familie, Partner und Freunden, bleibt größtenteils unberührt. Du tauschst also den unergiebigsten Teil deiner Freizeit gegen vollwertige Arbeits- und Lernzeit. Das ist ein guter Deal, wie ich finde.

Welche neuen Einsichten für deinen Alltag gibt dir dieses Unterkapitel konkret? Lass uns ein paar zum Teil bereits angeführter Beispiele im Detail durchgehen:
Vermeide Unterhaltung mit Suchtpotenzial. Kommen wir zurück auf mein Lieblingsbeispiel: Hast du „Game of Thrones gesehen“? Acht Staffeln. 73 Episoden. 4214 Minuten (extra für dich ausgerechnet). Etwas mehr als siebzig Stunden. Angenommen, deine Kosten der verlorenen Alternative liegen bei 15 Euro pro Stunde. Dann hat dich „Game of Thrones“ in Wirklichkeit 1050 Euro gekostet! Klingt nach viel, oder? Wenn man dich vor die Wahl gestellt hätte, ob du lieber „Game of Thrones“ schauen oder zeitversetzt 1050 Euro auf die Hand bekommen würdest - hättest du dieselbe Entscheidung getroffen?
Wagen wir noch ein Beispiel: 6:30 Uhr. Der Wecker klingelt. „Ach, ein paar Minuten gehen noch.“ Snooze. Der Wecker klingelt wieder. Noch einmal die Schlummertaste. Und so weiter. Plötzlich ist es 7:30 Uhr und du bist schon viel zu spät dran. Diese „fünf Minuten noch“ haben dich weitere 15 Euro gekostet. Und zugleich stürzen sie deinen Hormonhaushalt in völliges Chaos. Schlafforscher Robert Rosenberg sagt, dein Gehirn weiß dann nicht mehr, ob es müde oder wach sein soll.[35] Dies könne zu einer den gesamten Tag anhaltenden Müdigkeit führen. Wir sehen also, dass Snoozen teuer und gesundheitsschädlich ist. Wie vermeidest du es aber nun? Laut Schlafmagazin Ubermind sind die besten Lösungen, den Wecker außer Reichweite zu platzieren, Sonnenlicht und das Deaktivieren der Snooze-Funktion.[36] Denn

[35]Vgl. GEO.de, o.A: So gefährlich ist die Schlummertaste, in: GEO Magazin, 2016, [online].

[36]Vgl. Nehrenheim, Dennis: Die ultimative Anleitung im Kampf gegen den Snooze Button, in: Ubermind.de, 21.05.2016, [online].

nach drei Minuten sinke das Verlangen, sich noch einmal ins kuschelige Bett zu legen, eh drastisch. Das wichtigste Hemmnis, die Snooze-Taste zu betätigen, bleibe aber intrinsische Motivation. Mir persönlich hat es geholfen, mich mit einem Freund zu früher Stunde in der Uni zu verabreden. Oder du verabredest mit dir selbst, zu einer bestimmten Uhrzeit in der Uni zu sein. Wenn du die Verabredungen immer einhältst, steigerst du zugleich den Respekt vor dir selbst.

Noch ein klassisches Beispiel: Du gibst wieder einmal Nachhilfe. Wir nehmen an, dass für zwei Stunden Nachhilfe am Stück für insgesamt 30 Euro von Tür zu Tür zusätzlich 30 Minuten Fahrzeit mit Bus und Bahn anfallen. Geld für ein Ticket zahlst du in diesem Beispiel nicht, weil dein Studentenausweis als Ticket gilt. Damit musst du also insgesamt drei Stunden investieren, um 30 Euro zu verdienen. Dein echter Stundenlohn liegt damit bei 10 Euro pro Stunde und nicht bei 15. Bezieh diese Überlegungen bei der Auswahl deiner Nachhilfeschüler mit ein. Scheu dich auch nicht zu fordern, dass der Nachhilfeschüler zu dir kommen soll oder du per Skype Nachhilfe gibst. Beides steigert deinen effektiven Stundenlohn.

Ob verplemperte Zeit online mit zusätzlichem morgendlichem Liegenbleiben oder mit zeitlich nicht eingepreisten Wegstrecken - es gibt noch viele weitere Stellschrauben, durch die du im Alltag wertvolle Zeit verlierst, ohne es bis jetzt berücksichtigt zu haben. Deshalb ist dieses Prinzip auch so mächtig. Es ändert deinen gesamten Entscheidungsrahmen und bringt dich automatisch zu einer produktiveren Zeiteinteilung. Zeit zu vergeuden, verursacht Kosten der verlorenen Alternative. Wenn du das Preisschild deiner Handlungen kennst, überlegst du jedoch vielleicht zweimal, ob du dein Verhalten nicht doch ändern solltest.

3.13 Vermeintlicher Erfolg

In meiner Studienzeit gab es eine Gruppe von Studenten, die Erfolg daran maßen, sich in hochspezialisierten realitätsfernen Fächern in ihren Noten zu überbieten. Sie feierten ihren Ehrgeiz, einen Monat Lernzeit zu investieren, um aus der Note 1,7 eine 1,0 in der Nachprüfung zu machen. Damit verletzten sie bereits die Regel des größten Deltas, die du kennengelernt hast. Die Kommilitonen haben gar versucht, das *kleinste* Delta zu finden. Eine solche Strategie ist nur dann sinnvoll, wenn du wirklich diese exzellente Note für dein Ziel brauchst, zum Beispiel für eine Harvard-Bewerbung. Für die meisten Ziele hätte aber die Note 1,7 sicherlich gereicht.
Etwas Unwichtiges wird durch Erfolg darin noch lange nicht wichtig. Unternehmer und Autor Timothy Ferriss hat es auf den Punkt gebracht: „Was du tust, ist unendlich wichtiger, als wie du es tust.“ [37] Es wäre für die meisten Studenten effektiver gewesen, drei Wochen im Monat mit dem Lernen einer neuen Programmiersprache zu verbringen oder anderweitig neue für ihre Ziele wichtige Fähigkeiten zu erwerben. Eine Woche Urlaub hätten sie sich noch obendrauf genehmigen können.
Generell sehe ich das Wiederholen von Klausuren, nur um die Note ein bisschen zu verbessern, kritisch. Es kostet viel Zeit und bringt nur wenig neues Wissen, wenn die Note vorher sowieso schon gut gewesen ist. Investiere nicht in deinen Lebenslauf, sondern in deine Fähigkeiten!
Ein anderes Beispiel: Es gibt Prüfungen, bei denen nur zählt, ob du bestanden hast oder nicht. Die Note geht gar nicht in deinen Notenschnitt ein. Wieso also mehr als eine 4.0 anstreben? Nur wegen des Kräftemessens mit anderen Stu-

[37] Vgl. Ferriss, Tim: [Zitat], in: Goodreads.com, [online].

denten, die sich dann über ihre gute Note einen Ast abfreuen? Das ist ein Zeitgrab. Dann lieber die eingesparte Lernzeit in andere Fächer und in Freizeit investieren!
Letztes Beispiel: Wie viele Handyspiele befinden sich auf deinem Smartphone? Was nützt es dir aber, auf Level 463630 bei einem völlig sinnlosen Handyspiel zu sein? Das bringt dich keinen Schritt weiter im Leben. Schmeiß alle Spiele von deinem Handy. Kein Ruhm und keine Anerkennung für deine „Leistungen" beim Daddeln. Sorry. Überleg genau, in welchen Bereichen du Erfolg anstrebst und in was du deine ohnehin knappe Zeit investieren willst.

3.14 Schonungsloser Realismus

Die Klausur ist eh viel zu schwierig gewesen. Andere sind auch durchgefallen. Diese Themen sind noch nie dran gekommen. Der Unterricht ist schlecht gewesen. Hab eh schlecht geschlafen. Ist einfach nicht mein Tag gewesen. Ich bin abgelenkt worden, weil mein Sitznachbar in der Klausur genüsslich seinen Harzer Käse neben mir gegessen hat. Okay, das lassen wir durchgehen.
Und nun Schluss mit Ausreden! In der Mehrheit der Fälle liegt es an dir, nicht an irgendwelchen äußeren Umständen. Diese fehlende Fähigkeit zur Selbstkritik bringt einige Studenten zu verrückten Verhaltensweisen. Manche lassen dann ihre Wut über Dozenten und die Klausur auf sozialen Medien zusammen mit anderen enttäuschten Studenten aus. Manche ziehen gar in einen jahrelangen Gerichtsprozess, weil sie noch einen Punkt haben wollen, um eine 3,3 statt einer 3,7 zu bekommen. Wahnsinn und mitunter der größte Zeit- und

Geldverlust, den man in seinem Studium anstellen kann! Das wäre auch ihnen klar, wenn sie die Studienhacks zu den Kosten der verlorenen Alternative und über den Erfolg in Bereichen, auf die es nicht ankommt, gelesen hätten. Wenn man nicht genug gelernt oder in der Klausur nicht alles gegeben hat, dann ist das der eigene Fehler. Man muss ehrlich zu sich selbst sein. Dann ist die Situation auch gar nicht weiter schlimm. Man probiert es eben noch einmal.

Such nach dem größten Delta für die Klausurnote. Welche Aufgabe hat dich besonders viele Punkte gekostet? Das ist das Thema, das du als Nächstes lernen solltest.
Anderes Beispiel: Du bist in der Schule immer richtig gut in Mathe gewesen. In der Uni jedoch ist Mathe inzwischen ein Problemfall für dich geworden. Du willst dir das aber nicht eingestehen. Kann ja nicht sein! Du bist sicher einfach die letzten drei Klausuren nur unter deinen Möglichkeiten geblieben. Ehrlicher und auch sinnvoller wäre es, nach einer Nachhilfe Ausschau zu halten.
Sei schonungslos realistisch mit dir selbst. Und wenn deine Sicht auf dich selbst manchmal verzerrt sein könnte, bitte deine Freunde, dir schonungslos die Wahrheit über etwas zu sagen, das du nicht mehr objektiv sehen kannst.

3.15 Aufschieberitis den Kampf ansagen

Das Aufschieben ist bereits so alt wie das Zuschieben und das Anschieben: Später. Morgen. Nicht jetzt. Nur noch das Video. Nur noch das Game zu Ende. Ab nächster Woche fang ich wieder an, Sport zu machen. Mein Lieblingsbeispiel für

Aufschieberitis beim Lernen sind die vielen Studenten, die auf eine gerade Uhrzeit warten, um anzufangen. Falls du einer davon bist, hör auf damit! Auch Klausuren aufzuschieben, gehört meiner Meinung nach zu den Todsünden des Studiums. Ich habe oft miterlebt, dass Studenten ein Fach anfangen und dann mitten im Semester abbrechen oder die Prüfung nicht machen. Bitte tu das nicht. Sobald du das machst, ist die bis jetzt investierte Zeit nahezu verschwendet gewesen. Bis du das Fach das nächste Mal belegst, hast du fast alles wieder vergessen. Und deine Freunde schreiben alle schon andere Klausuren. Zusammen zu lernen, geht also auch nicht mehr. Je länger du Klausuren schiebst, desto höher wird der Lernaufwand für dieselbe Note. Wenn du etwas anfängst, zieh es auch durch.

Tatsächlich haben wir soeben einen Grund dafür kennengelernt, warum manche Menschen in ihrem Studium scheitern. Klausur um Klausur wird aufgeschoben, bis der Berg angestauter Arbeit demotivierend hoch ist und man dann irgendwann resigniert. Arbeite besser alle Klausuren direkt ab.
Das gilt auch für kleinere Aufgaben. Fang sofort damit an. Beginn mit der Arbeit an einer Aufgabe, sobald du damit beginnen kannst. Du weißt nicht, wo du anfangen sollst? Dafür gibt es einen Trick: die bekannte First-Brick-Methode.[38] Du unterteilst deine Aufgabe in kleine Teile. Vielleicht ist es eine Überwindung für Dich, 15 Seiten für die Uni zu lesen. Aber was ist mit einer halben Seite? Und dann noch eine halbe? Und noch eine halbe?
Weihe deine Freunde in deine Pläne ein und bitte sie, dich zu motivieren. Wir wissen alle, dass Aufschieben ein Pro-

[38] Vgl. Baumann, Steffanie: Die First-Brick-Methode - Endlich anfangen und durchhalten, in: schreibscheune.de, 09.07.2018, [online].

blem nicht löst, sondern nur kurzfristig aus unserem Aufmerksamkeitshorizont nimmt. Probleme werden durch Aufschieben in der Regel sogar noch schwerwiegender. Es gibt keine Ausreden. Der beste Zeitpunkt, um etwas zu erledigen, ist immer jetzt - der beste Zeitpunkt um seine Gewohnheiten zu verändern, ebenso.

3.16 Auswendig lernen

Wie lernt man am schlausten etwas auswendig? Auf jeden Fall nicht, indem du die Vorlesungsfolien immer wieder neu durchliest. Die beste Methode, um etwas auswendig zu lernen, ist die aktive Reproduktion des Stoffes, also durch aktives Erinnern des Gelernten. Lies dir zum Beispiel eine Definition durch und versuch sie dann ohne Blick auf dein Blatt auswendig aufzuschreiben. Es gibt natürlich verschiedene Lerntypen.[39] Manche Menschen lernen besser, indem sie Dinge aufschreiben, andere durch Lesen, andere durch Hören oder durch praktische Anwendung. Ich empfehle dir, die Lernmethoden der ersten drei Lerntypen zu kombinieren. Dabei bin ich immer folgendermaßen vorgegangen: Lies dir zunächst die Definition laut vor. Danach legst du das Blatt weg und versuchst wie gesagt sie auswendig aufzuschreiben und dir dabei selbst laut im Detail zu erklären. Am besten verlässt du vorher die Bücherei dafür. Denn das ist nur an Orten möglich, an denen du allein lernst. Du hast ein Detail vergessen? Noch einmal von vorn. Und kannst du erklären, warum die Definition ist, wie sie ist? Was ist, wenn ich zum

[39] Vgl. mystipendium.de, o.A.: Lerntypen: Welcher der 4 bist Du?, in: myStipendium.de, [online].

Beispiel ein wichtiges Adjektiv oder eine Formel daraus wegnehme? Wenn es Details in der Definition gibt, die du dir nicht selbst erklären kannst, hast du sie noch nicht ganz verstanden. Dann frag am besten noch einmal nach.

3.17 Stell Fragen

Die Studenten, die die meisten Fragen in der Uni stellen, sind meiner Erfahrung nach meist auch die, die die besten Noten in der Klausur schreiben. Öffentlich Fragen zu stellen, muss dir auch nicht peinlich sein. Was deine Mitstudenten über dich denken, hat keinen Einfluss auf das Erreichen deiner Ziele und ist somit irrelevant. Scheu dich auch nicht, zu deinem Übungsleiter oder deinem Prof in die Sprechstunde zu kommen. Nutz die kostenlose Nachhilfe, bis du rausgeworfen wirst. Grüße an meinen alten Übungsleiter Daniel! Oft freut sich dein Prof aber auch, wenn mal jemand zu ihm in die Sprechstunde kommt. Denn endlich interessiert sich mal jemand für algebraische Geometrie, Teil 9.

3.18 Umgang mit Unveränderbarem

Ich bin zu dumm. Wieso hab ich nicht mehr gelernt? Die Klausur hätte so viel besser laufen können. Und wieso hab ich mich nicht mehr angestrengt? Wieso ist es so kalt draußen? Was für ein blödes Wetter! Wieso ist meine Nase, wie sie ist? Wieso bin ich so klein? Und warum kann ich meine Stirn nicht sehen? Die Wahrheit ist: Du kannst an all dem nichts ändern, egal wie viel du darüber nachdenkst. Über unveränderbare Dinge nachzudenken, ist pure Zeitverschwendung, genauso wie eine lange Audio auf Whatsapp nur zur Hälfte anzuhören und dann beim nächsten Mal wieder von vorn anzufangen. Hör sie doch erst, wenn du Zeit hast, sie vollständig anzuhören! Aber das ist eine andere Geschichte. Akzeptiere die Situation also besser als das, was sie ist, und konzentriere dich ausschließlich auf Dinge, die du beeinflussen kannst. Du bist nur verantwortlich für dein Handeln, nicht für das Ergebnis, also dafür, wie viel du lernst, und in welche physische Verfassung du dich am Klausurtag bringst. Wenn du fleißig lernst und alles in deiner Macht Stehende getan hast, kannst du unabhängig vom Ergebnis zufrieden sein. Miss deinen Erfolg am Weg, nicht am Erreichen des Ziels.

3.19 Multitasking ist Müll

Frauen sind multitaskingfähig, Männer hingegen stumpfsinnig. Der zweite Satz mag stimmen, aber der erste nicht. Multitasking ist ein Produktivitätskiller.[40] Studien zeigen, dass paralleles Erledigen mehrerer Aufgaben zur Ausschüttung des Stresshormons Cortisol führt. Ein Experiment zu Multitasking mit Harvard-Studenten hat ihre Gedächtnisfähigkeit auf die von achtjährigen Kindern absinken lassen. Neurobiologisch gibt es gar kein Multitasking. Das Gehirn wechselt nur rasant von Aufgabe zu Aufgabe. Die französischen Wissenschaftler Charron und Koechlin haben herausgefunden, dass sich das Hirn nur auf höchstens zwei komplexe

[40]Vgl. Groll, Tina: Multitasking: Alles gleichzeitig funktioniert nicht, in: ZEIT ONLINE, 20.09.2012, S.1-2, [online].

Tätigkeiten auf einmal konzentrieren kann.
Arbeite also immer nur an einer Aufgabe gleichzeitig. Multitasking ist ein Mythos.

3.20 Skaleneffekte bei Projektarbeit

Dieses Konzept aus den Wirtschaftswissenschaften habe ich auch abwandeln und in meinen Arbeitsalltag integrieren können.[41] Nur weil du keine zwei To-Dos parallel erledigst, heißt das aber auch nicht, dass du dauernd abwechselnd an ihnen arbeiten solltest. Eine Stunde Mathe lernen, dann wieder eine halbe Stunde Wirtschaft, zwischendurch mal eben die nächste Nachhilfestunde vorbereiten - bitte nicht! Arbeite immer ein Projekt nach dem anderen ab. Wenn du dauernd zwischen mehreren Aufgaben wechselst, entgehen dir Produktivitätssteigerungen, weil dein Fokus nicht laserscharf auf einem Thema liegt.

3.21 Versunkene Kosten

Noch ein Konzept aus Wirtschaftswissenschaften, das bereits im Zeitmanagement angewendet worden ist.[42] Versunkene Kosten bezeichnen eine Investition, die du nicht mehr rückgängig machen kannst. Denn was versunken ist, ist in der

[41]Vgl. Wirtschaftslexikon24.com, o.A.: Skaleneffekte, in: Wirtschaftslexikon24.com, [online].
[42]Vgl. Mecke, Ingo: Sunk Costs, in: Gabler Wirtschaftslexikon, [online].

Regel weg. Wie kannst du das Konzept jetzt auf dein Studium übertragen? Beurteile eine Situation immer unabhängig von deinen letzten Entscheidungen. Angenommen, du musst deine Lernzeit auf zwei Klausuren aufteilen. Dabei hast du für die erste schon viel zu lange gelernt. Jetzt denkst du dir: Wenn ich eh schon die geplante Lernzeit überzogen habe, kann ich auch noch weiter für dieselbe Klausur lernen. Das ist allerdings grundfalsch. Deine zu viel in die erste Klausur investierte Lernzeit sind deine versunkenen Kosten. Beurteile die Situation nun neu. Denn die schlechte Zeiteinteilung kannst du nicht mehr zurückdrehen. Die richtige Entscheidung wäre es in diesem Beispiel, für die Klausur zu lernen, für die du noch gar nichts getan hast. Mit der dort eingesetzten Lernzeit kannst du nach der Strategie des größten Deltas den größten positiven Effekt auf deine beiden Noten erzielen. Anderes Beispiel: Du hast dich mit Mühe zur Vorlesung geschleppt, obwohl der Unterricht deines Matheprofs didaktisch völlig wertlos ist. Es bringt also eigentlich nichts, der Vorlesung zu folgen. Was tun? Vielleicht denkst du dir jetzt, dass du zuhören müsstest, weil du ja schließlich extra für die Vorlesung zur Uni gekommen bist. Aber das ist falsch. In diesem Beispiel sind dadurch versunkene Kosten entstanden, dass du zu einer Vorlesung gegangen bist, die dir eigentlich nichts bringt und du zudem noch den ersten Teil der Vorlesung versucht hast, dem Unterricht zu folgen. Wenn du die ersten 30 Minuten mit dem Versuch zuzuhören verschwendet hast, hilft es auch nicht, wenn du die nächsten 60 ebenfalls noch damit verplemperst. Das gilt selbst dann, wenn du dir damit eingestehen musst, dass es ein Fehler gewesen ist, zur Vorlesung zu kommen. Hol doch stattdessen einfach deine Hausaufgaben heraus.
Wenn versunkene Kosten entstanden sind, ist es bereits po-

sitiv, dass du sie erkannt hast und benennen kannst. Versuch nicht, den Fehler zu kaschieren, indem du ihn dir nicht eingestehst. Das wäre ein zweiter Fehler.

3.22 Die Leiter aus dem Motivationsloch

Uff. Keine Lust mehr. Ich schaff die Klausur eh nicht. Und ich würd eigentlich lieber das Wetter draußen genießen anstatt weiterzulernen.
Durchhalten! Diese Momente hat jeder von uns. Erinnerst du dich an das Kapitel über dein Warum? Jetzt ist der Moment gekommen: Denk an dein Warum. Visualisier es. Leb es vor deinem geistigen Auge. Schnapp dir was zu trinken, geh zehn Minuten an die frische Luft und denk an dein Warum. Es gibt keinen stärkeren Antrieb, als dir noch einmal bewusst zu machen, warum du das alles machst. Es kann dir auch helfen zu überlegen, was dein Vorbild in dieser Situation machen würde. Und dann machst du genau das. Wenn du werden willst wie dein Vorbild, musst du handeln wie dein Vorbild. Wenn das beides nicht hilft, kannst du dir auch ein (nur eins!) Motivationsvideo auf YouTube anschauen. Ich habe dafür meist den Kanal „Mateusz M“ besucht.[43] Motivier dich, reiß dich zusammen und geh dann wieder zurück an die Arbeit. Dem Extremsportler, Autor und Motivationstrainer David Goggins zufolge hat man, wenn man glaubt, keinerlei Kraft mehr zu haben, erst 40 Prozent seiner Leistungsreserven verbraucht.[44] Dein Körper und dein Verstand haben also noch

[43]Vgl. M, Mateusz, in: YouTube, [online].

[44]Vgl. Goggins, David: Can't Hurt Me: Master Your Mind and Defy the Odds, o.O., o.O.: Lioncrest Publishing, 2018, S. 143

deutlich mehr in petto, als du denkst! Versuch, noch einen weiteren Schritt zu gehen. Und dann noch einen. Und dann noch einen. Nicht aufgeben!

3.23 „Tote“ Zeit nutzen

Ein plakatives Beispiel: Der Tag hat 24 Stunden. Acht davon schlafen wir. Zwei Stunden verbringen wir vielleicht auf dem Weg zur Arbeit, eine weitere Stunde, um zu essen. Eine halbe Stunde für Körperhygiene. Also bleiben knapp zwölf Stunden nutzbare Zeit. Richtig?
Falsch. So manch „tote“ Zeit kann man zum Leben erwecken. Du könntest in Bus und Bahn für die Uni lernen oder wie ich im Auto ein Hörbuch zur Weiterbildung abspielen. Genauso verhält es sich mit Fußwegen von A nach B. Du kannst dabei Musik hören. Du kannst aber auch in der Zeit ein Hörbuch abspielen. Zu was für einer Maschine wirst du, wenn du ein, zwei Bücher pro Woche hörst? Versuch doch mal, einen Teil der Zeit, die du derzeit mit Musikhören verbringst, durch Hörbücher zu füllen. Um noch mehr Zeit zu gewinnen, empfehle ich, die Geschwindigkeit jedes Hörbuches an dich anzupassen. Wähl die höchste Abspielgeschwindigkeit, bei der du dem Hörbuch noch folgen kannst. Bei mir ist das meist die 1,75-fache Geschwindigkeit. Eine andere Möglichkeit, die ich auch nutze, ist es, sich direkt Zusammenfassungen von Büchern auf Blinkist anzuhören.[45] Genauso kannst du, wenn sich dein Kommilitone mal wieder verspätet, die Zeit zum Beantworten von Mails via Smartphone nutzen. Falls du

[45] Vgl. Blinks Labs GmbH. „Blinkist“ [Mobile application software].

noch keine entsprechende App hast, downloade sie dir. Selbst wenn dein Akku leer wäre und du weder Mails beantworten noch Texte für die Uni lesen, noch dich weiterbilden könntest, kannst du die Zeit nutzen: Denk doch schon mal über die Aufgabe nach, die euch dein Professor in der letzten Vorlesung gestellt hat. So manch vermeintlich tote Zeit lässt sich also beleben.

3.24 Die Stellschrauben-Methode

Wie optimiert man eigentlich das Ergebnis eines Projektes? Indem man sich im Detail alle Stellschrauben überlegt, an denen man drehen könnte, und jede einzeln optimiert. Wir schauen uns mal das folgende Projekt an:
Angenommen, du willst unbedingt nach dem Studium eine Vollzeitstelle bei einer bekannten Unternehmensberatung haben. Ist es nicht geil, die gesamte Woche im Flieger zu verbringen und Zeit gegen Geld zu tauschen? Dem vorigen Kapitel zufolge, hast du dir schon einen Plan überlegt. Du hast das Erreichen des Ziels bereits auf seine Atome heruntergebrochen. Um einen Vollzeitjob angeboten zu bekommen, solltest du dort ein Praktikum gemacht, Referenzen anderer Mitarbeiter dort haben, sowie exzellente Noten und hervorragende Softskills. Wie optimiert du jetzt also deine Chancen, das Ziel zu erreichen? Na, indem du jede einzelne der obigen Stellschrauben versuchst, perfekt einzustellen. Wenn du alle Stellschrauben in die richtige Position bringst, optimiert du das gesamte Getriebe, in diesem Fall also die Chancen auf eine gut bezahlte Vollzeitstelle. Das gilt aber nicht umgekehrt. Den mathematischen Beweis ersparen wir uns an

dieser Stelle. Bin noch nie so gut in Mathe gewesen ...
Nach der Strategie des größten Deltas suchst du also beispielsweise nach Seminaren, die deine schwächsten Softskills trainieren, und arbeitest an den Noten in deinen schlechtesten Fächern. Zudem beginnst du, dich langsam die Praktikumsleiter hochzuarbeiten, indem du erst Praktika bei kleineren Unternehmensberatungen machst. Wenn du also das Ergebnis eines Projektes steigern willst, identifiziere und optimiere alle Stellschrauben, die Auswirkungen auf dessen Erfolg haben. Mit dieser Methode findest du alle Stellschrauben und kannst dann mit der Methode des größten Deltas die richtige Stellschraube identifizieren, an der du als Nächstes drehen solltest.

3.25 A/B-Tests im Studium

Diese Methode kommt aus der Welt der Startups. Es geht darum, den Effekt einer Veränderung durch systematisches Ausprobieren zu messen.[46] Zum Beispiel wird eine Softwareversion mit einem neuen Feature modifiziert. Dann wird die alte Softwareversion an die eine Hälfte einer Testgruppe ausgespielt, die neue an die andere. Hierbei ist wichtig, dass beide Testgruppen vergleichbar bezüglich Demografie, Eigenschaften und vieles mehr sind. Je nachdem, welche Version das bessere Feedback erhalten hat, wird der „Sieger“ behalten und fortan an alle Nutzer ausgespielt. Wichtig ist dabei, bis auf das eine neue Feature den Rest des Programms gleich zu lassen. Wir wollen die exakten Auswirkungen des neuen

[46]Vgl. Gruenderszene.de, o.A.: A/B-Test, in: Gruenderszene.de, [online].

Features ja nicht verzerren.

Diese Methode wollen wir nun auf das Studium in ähnlicher Form übertragen. Nehmen wir an, du schreibst derzeit eine Haus- oder gar Abschlussarbeit. Bei der Einleitung bist du dir noch unsicher. Wie kannst du jetzt deine eigentlich dröge Arbeit als brillante Neuentdeckung verkaufen? *Interessiert horcht plötzlich auch der Doktorand auf.*
Angenommen, du hast drei verschiedene Ideen für die Einleitung, von denen du nicht alle drei umsetzen kannst. Wie könnte dir ein A/B-Test nun helfen, das Problem zu lösen? Ganz einfach: Du lässt die drei verschiedenen Versionen gegeneinander antreten. Schnapp dir ein paar Studienfreunde. Formuliere alle drei Versionen der Einleitung aus. Machst du Foto. Tust du Whatsapp. Jedes Foto einer Version geht an ein Drittel der für den Test auserkorenen Studienfreunde. Später fragst du sie, wie sie die Einleitung finden. Angenommen, Version 1 finden nur wenige gut, Version 2 ein paar mehr und Version 3 die meisten. Dann solltest du Version 3 wählen. Achte darauf, mindestens drei Freunde pro Gruppe zu haben und, dass die Gruppen sich ähneln.
In unserem Beispiel können wir es sogar noch schlauer machen. Schließlich kennen wir unsere Tester. Deshalb können wir jedem Tester mehrere Versionen zeigen. Du kannst also in diesem konkreten Beispiel auch alle Versionen an jeden der Tester schicken. Wenn du dir also unschlüssig bist, welche von mehreren Ideen die beste ist, mach einen A/B-Test.

3.26 Ablenkung reduzieren

Ablenkung numero uno: Das Handy vibriert. Wir wissen inzwischen bereits, dass soziale Interaktion Glückshormone in unserem Hirn ausschüttet. Als Dopamin-Junkie greifen wir deshalb direkt zum Handy und schauen, wer uns gerade bei Whatsapp geschrieben hat. Nur mal kurz antworten!

Und das ist ein Fehler. Wenn wir lange Zeit konzentriert an etwas arbeiten, verfallen wir, nicht nur meiner Erfahrung nach, in einen Zustand tiefer Konzentration, ähnlich wie du nach einiger Zeit im Bett in den Tiefschlaf fällst. Wenn du dich auch nur kurz ablenken lässt, ist der extrem produktive Arbeitszustand weg, als würdest du aufwachen und wieder neu in den Tiefschlaf kommen müssen. Es ist besser, den für dich wichtigsten Personen kurz vor dem Lernen zu schreiben, dass du jetzt ein paar Stunden konzentriert lernen musst, und dann dein Handy in den Flugmodus zu schalten. Du kannst sogar auch manchen Apps für diese Zeit einfach die Berechtigung entziehen, dir Benachrichtigungen anzuzeigen.

Was aber ist, wenn du beim Lernen zwischendurch Lernpartnern schreiben musst? Wenn das wirklich nicht zu vermeiden ist, gibt es auch hier einen Trick: Schreib deinen wichtigen Personen trotzdem vorher, dass du lernen musst und (Zusatz) für ein paar Stunden nur mit Lernpartnern über Whatsapp schreibst. Nach dem Lernen würdest du dich melden. Nun kannst du ab und zu in Whatsapp schauen, was deine Lernpartner geschrieben haben, ohne andere Chats zu verfolgen oder einen emotionalen Ausbruch deiner Freundin zu riskieren, weil du nicht antwortest. Bleib jedoch wirklich diszipliniert genug, keinen anderen Chat zu öffnen.

Als richtiger Hardliner kannst du dir auch eine zweite Sim-Karte oder ein Billighandy nur für berufliche Kontakte anschaffen. Während deine Freunde denken, du hast mit dem Studium resigniert und dir ein Nokia 3805 als Kickstart für deine Karriere als Drogendealer besorgt, willst du einfach nur konzentrierter lernen. Das ist die langfristig schlauste Lösung. Dann vibriert das Handy wirklich nur, wenn es ein fürs Lernen relevanter Kontakt ist.

Doch eine Frage wäre da noch: Was tun, wenn das Handy von jemandem in deiner Lerngruppe dauernd vibriert? Auch wenn das echt spießig klingt: Bitte ihn, das Handy auf Lautlos zu stellen. Optional sollte sein Handy am besten umgedreht, also mit der Vorderseite direkt auf den Tisch gelegt werden, um keine leuchtenden Benachrichtungs-LEDs zu sehen - oder er sollte eben besser noch das Handy in Flugmodus schalten. Wenn du schließlich im Krankenhaus aufgewacht bist, bewerte doch bitte, ob der Hack für dich funktioniert hat.

Wenn dein Lernpartner dennoch lieber dauernd Videos schaut oder sich unterbrechen lässt, solltest du überlegen, ob es nicht noch andere mögliche Lernpartner gibt. Ein subtilerer kurzfristiger Trick ist es, dem Lernpartner inhaltliche Fragen zu stellen, während er am Handy ist. Auch bei kurzen Antworten von ihm dann nicht nachlassen! Denn in der Regel lässt sich nicht nur Arbeit unterbrechen, sondern auch Ablenkung. Du kannst ihn in ein fachliches Gespräch verwickeln, sodass er im Optimalfall sein Handy bald weglegt. Eine andere Möglichkeit ist anwendbar, wenn in einer Lerngruppe nur eine Person immer am Handy ist: Erzeug sozialen Druck. Sag mit einem Lächeln auf den Lippen, dass die Person die einzige sei, die dauernd am Handy wäre. Auch das kann funktionieren. Oder aber du landest mal wieder auf der Intensivstation.

Ablenkung numero duo: die nervigen Nachbarn, die Quas-

selstrippen, die Menschen, die alles tun, um nicht lernen zu müssen. Halt dich von diesen Leuten besser fern. Oder wenn du selbst dazu gehörst, reiß dich zusammen. Es gibt eben Personen, mit denen man nicht lernen kann. Setz dich am besten an einen Tisch weit weg davon. Wenn es nicht anders geht, als in der Nähe zu sitzen, nutz, deine Kopfhörer als Ohrenstöpsel. Tu so, als würdest du Musik hören und dir das neueste tief gesellschaftskritische Album von „Haftbefehl“ zu Gemüte führen.
Ablenkung numero trio: wissbegierige Erstis. Sobald du in einem höheren Semester bist, wird es regelmäßig Studenten aus niedrigeren Semestern geben, die dich mit Fragen bombardieren. Am Anfang ist man immer hilfsbereit und opfert seine Zeit. Irgendwann nerven die andauernden Fragen und immer wieder gestört zu werden jedoch nur noch. Dauernd Erstis zu helfen, ist wie Tauben zu füttern. Tust du einer etwas Gutes, lockst du immer mehr an. Plötzlich sitzt ein ganzes Rudel bei dir. Du hast aber selbst viel zu tun. Setz dich daher von typischen Ersti-Rudeln weit weg. Falls du gefragt wirst, sag nett aber bestimmt, dass du beschäftigt bist oder gleich noch deinen Hamster vom Pilates abholen musst. Du bist nicht Mutter Teresa. Hilf wirklich nur Erstis, mit denen du befreundet bist. Denn schon 20 Minuten kostenlose Nachhilfe erzeugen versteckte Kosten der verlorenen Alternative. Das haben wir ja bereits gelernt.

3.27 Schneller lesen

Es ist wieder einmal spät abends und du musst noch einen Berg von Text bis morgen früh lesen. Ade Nachtschlaf. Oder doch nicht? Es gibt Tricks, um schneller zu lesen. Lesetrainer Wolfgang Schmitz gibt in seinem Buch „Schneller lesen - besser verstehen“ Empfehlungen aus, wie das geht.[47] Man soll beispielsweise nicht im Text zurückspringen und Stellen mehrfach lesen. Das vermeintlich überlesene Wissen würde oft im Text später noch einmal wiederholt. Zudem sei ein Grund dafür, dass wir langsam lesen, das laute Vorlesen des Textes im Kopf. Das drosselt offenbar die Lesegeschwindigkeit auf Sprechgeschwindigkeit. Zudem spart Zeit, wer weiß, an welchen Stellen im Text die Kernaussagen stehen: Im ersten Absatz findet sich oft die zentrale Fragestellung, der letzte fasst die Hauptaussagen des Textes zusammen, Kerngedanken des Textes verstecken sich meist in den ersten beiden Sätzen. Zudem empfiehlt Schmitz: Drohst du abzuschweifen, lies schneller! Das klingt zwar paradox, hängt aber offenbar damit zusammen, dass das Gehirn bei zu geringer Geschwindigkeit unterfordert ist. Tony Buzan, ebenfalls Lesetrainer, empfiehlt in seinem Buch „Speed Reading“, stets drei bis fünf Wörter gleichzeitig zu lesen.[48] Denn beim Lesen fixiert das Gehirn immer nur ein Wort und springt dabei von Wort zu Wort, was Zeit kostet. Deshalb ist es nach seiner Erfahrung besser, mehrere Wörter gleichzeitig zu lesen und erst dann weiterzuspringen. Und noch einen Tipp für schnelleres Lesen hat er parat: mit einem Metronom üben. Natürlich hat keiner in unserer Generation noch ein Metronom zu Hause. Aber es reicht, sich einfach den Rhythmus eines Metronoms

[47]Vgl. Blinks Labs GmbH. „Blinkist“ [Mobile application software] – Zusammenfassung: Schmitz, Wolfgang: Schneller lesen - besser verstehen, Hamburg, (2013).

[48]Vgl. Blinks Labs GmbH. „Blinkist“ [Mobile application software] – Zusammenfassung: Buzan, Tony: Speed Reading: Schneller lesen - mehr verstehen - besser behalten, Hamburg: MVG Moderne, 2017, S.3.

zu denken, dann bei jedem Taktschlag die Zeile wechseln, um das Gehirn an ein neues Lesetempo zu gewöhnen. Wenn in der Folge die Taktzahl langsam gesteigert wird, kann das Gehirn schon bald auf ein höheres Lesetempo schalten.

3.28 Die richtige Lerngruppe

Die richtige Lerngruppe ist meiner Erfahrung nach ein wichtiger Bestandteil deines Erfolges. Such dir eine Lerngruppe, in der du der Schlechteste bist. Es nützt nichts, der Beste in einer Lerngruppe zu sein. Schließlich willst du nicht dein Ego aufpolieren, sondern besser werden. Such nach einer Gruppe kompetenter, motivierter und ehrgeiziger Studenten. Wenn es noch keine gibt, gründe eine. Mit ihnen solltest du zum Beispiel gemeinsam Übungsaufgaben diskutieren und lösen oder Altklausuren durchgehen. Stumpfes Auswendiglernen geht erfahrungsgemäß besser alleine: Aber mal eine ganz praktische Frage. Wie lernt man überhaupt Leute kennen in der Uni und wie findet man eine Lerngruppe, wenn man schüchtern ist?
Ich will dir trotz der Umfassendheit des Themas ein paar meiner Kochrezepte zum Netzwerken an die Hand geben. Bevor du unbekannte potenziell interessante Lernpartner ansprichst, solltest du zunächst üben, mit fremden Menschen generell in Kontakt zu treten und ins Gespräch zu kommen. Unterhalte dich mal mit der Kassiererin im Supermarkt über das Wetter oder frag einen Passanten nach der Uhrzeit. Völlig legitime Gespräche. Da wird dir keiner böse sein oder das irgendwie komisch finden. Mit jedem Gespräch, das du führst, wirst du ein Stückweit besser im Kontakt mit fremden Men-

schen. Mit jedem Mal, bei dem du deinen Mut zusammengenommen hast, um jemanden fünf Meter von einem Kiosk entfernt zu fragen, wo denn der nächste Kiosk ist, wirst du besser. Es ist alles reine Übungssache. Du kannst als Nächstes Gruppen in der Mensa fragen, ob du dich dazusetzen kannst, und dann ein bisschen zu plaudern beginnen oder nach einer Vorlesung oder Übung im Vorbeigehen mit Leuten quatschen. Um die perfekte Lerngruppe zu finden, solltest du schauen, welche Studenten einen besonders guten Eindruck hinterlassen - zum Beispiel, indem sie intelligente Fragen in der Vorlesung stellen oder immer gut vorbereitet wirken. Genau diese Studenten wirst du nach etwas Training nach der nächsten Vorlesung „rein zufällig“ über irgendein belangloses situationsbezogenes Thema ansprechen. Du könntest fragen, wie die Person die Vorlesung gefunden hat und über das Thema dann dazu kommen, in welchem Semester sie eigentlich ist und was sie genau studiert. Ihr redet, versteht euch gut, geht zusammen in die Mensa. Wenn ihr auch wirklich menschlich gut miteinander zurechtkommt, könnt ihr euch zum Lernen verabreden. Ansonsten lass es bleiben.
Was tun, wenn du mega schüchtern bist und kaum ein Wort bei Menschen herausbekommst, die du nicht mindestens seit dem Kindergarten kennst? Dann machst du es genau umgekehrt: Du lässt dich finden. Jetzt musst du derjenige sein, der perfekt vorbereitet ist und intelligente Fragen stellt. Schon bald werden dich Leute ansprechen und mit dir zusammen lernen wollen. Sei höflich und hilfsbereit, aber lass dich nicht ausnutzen. Warte, bis dich auch vielversprechende andere Studenten ansprechen und lerne mit ihnen zusammen.
Die richtige Lerngruppe wird dich automatisch pushen.

3.29 Der richtige Freundeskreis

Der Unternehmer und Autor Tim Ferriss, den wir bereits in einem früheren Studienhack kennengelernt haben, hat mal verkürzt gesagt: Du bist der Durchschnitt der fünf Menschen, mit denen du am meisten Zeit verbringst.[49] Hey, vielleicht kannst du ja einfach nur noch mit den Sportstudenten abhängen, damit das endlich mal was wird mit dem Abnehmen. Spaß beiseite: Such dir ein Umfeld, in dem du als Persönlichkeit wachsen kannst. Umgib dich mit ehrgeizigen Leuten, mit Menschen, die sich Ziele setzen, statt ihre Zeit zu vergeuden. Sie müssen nicht dieselben Ziele wie du haben oder denselben Lebensstil. Aber ihre Mentalität sollte ähnlich sein wie deine. Falls dein jetziges Umfeld das nicht hergibt, wechsle dein Umfeld. Versuche zumindest, schlechte Einflüsse aus deinem engeren Freundeskreis herauszuhalten. Wenn aber sogar dein Partner mit deinen Zielen nicht viel anfangen kann und deine Energie eher drosselt, habe ich schlechte Nachrichten für dich.

3.30 „Mit dem Rücken zur Wand“

Bei diesem Hack möchte ich dir gerne zeigen, wie du dich selbst in Gefahrensituationen bringen kannst. Das schaffst du schon ganz von alleine? Ja, das mag sein. Auch der Autor dieser Zeilen hat einen besonders breiten Erfahrungsschatz damit. Aber ich will dir zeigen, wie dich Gefahrensituationen leistungsfähiger im Studium machen. Im Volksmund plap-

[49]Vgl. Maennertagebuch.de, o.A.: Die 38 besten Zitate von Tim Ferriss, in: MännerTagebuch, 04.10.2017, [online].

pern „ach so lebenserfahrene Menschen“ immer vermeintlich klug davon, dass du immer einen Plan B haben solltest. Plan A könnte ja schließlich nicht klappen. Erfahrungsgemäß ist dieser Typ von „Sichergehern“ auch immer genau der Typ Mensch, bei dem Plan A dann tatsächlich so gut wie nie eintritt und der immer Plan B in Anspruch nehmen muss. Daraus leiten die „Ratgeber“ dann wieder ihre goldene Regel ab, dass man eben unbedingt einen Plan B braucht. Und das ist völliger Blödsinn. Es mag auf den ersten Blick paradox klingen, aber: Du bräuchtest keinen Plan B, wenn du keinen machen würdest. Erfahrungsgemäß verfolgt man unterbewusst Plan B, sobald man einen hat: aus Angst, dass Plan A scheitert und man enttäuscht wird. Man mobilisiert nicht mehr alle Kräfte für Plan A. Damit bereitet man sein eigenes Scheitern geradezu vor. Wenn du jedoch von Anfang an alle verfügbaren Kräfte für Plan A mobilisiert hättest, hättest du ihn mit deutlich höherer Wahrscheinlichkeit erreicht und hättest dann tatsächlich auch keinen Plan B gebraucht.

Wie wenden wir das ganze jetzt in der Praxis an?
Ein typischer Fehler, den ich bei vielen Studenten beobachte, ist es, sich erst, wenn das Lernen gut läuft, für eine Klausur anzumelden. Solange man aber keine verpflichtende Deadline im Rücken hat, arbeitet man auf Sparflamme. Vergleich doch einfach mal das Lernen an einem normalen Tag mit dem Lernen einen Tag vor einer Klausur. Merkst du einen Unterschied? Wenn die Klausur bereits in Sichtweite ist, ist dein Körper in Alarmbereitschaft. Es gibt kein Entkommen mehr. Du wirst bald die Klausur schreiben. Durch das ausgeschüttete Adrenalin erhält dein Körper Zugriff auf die im

Moment nötigen Reserven.[50] Du lernst viel effektiver. Ich persönlich habe immer die meisten Kräfte beim Lernen freisetzen können, wenn ich mit dem Rücken zur Wand gestanden und in Gefahr geschwebt habe. Setz also verbindliche Deadlines und melde dich direkt zu Beginn deiner Lernphase für die Klausur an. Natürlich brauchst du vorher einen realistischen Plan, um die Klausur erfolgreich abzuschließen. Melde dich nicht direkt zur Klausur an, um dann bis zur Klausur nur zu chillen.
Allerdings möchte ich eine Einschränkung für meinen Hack formulieren: Wende ihn nur auf metaphorisch nicht-lebensgefährliche Situationen an. Wenn der gescheiterte Plan A nicht mehr erlaubt, sich danach noch notfalls neu zu orientieren, wende den Hack nicht an. Kündige zum Beispiel nicht für die Suche nach einer neuen Wohnung bereits deine alte Wohnung. Wenn du nicht rechtzeitig etwas findest, willst du sicher nicht unter einer Brücke schlafen. Das Scheitern von Plan A hätte lebensbedrohliche Folgen. Hier ist mein Hack also nicht anwendbar.
Bei metaphorisch nicht lebensgefährlichen Situationen bereite ich also keinen Plan B vor. Stattdessen investiere ich all meine Energie in die Umsetzung von Plan A. Bis jetzt bin ich damit ziemlich gut gefahren. Aber was, wenn dann mal ein Plan A doch nicht klappt? Dann überlegst du dir nach dem Scheitern eben etwas Neues.

Ein Beispiel: Du hast dich gerade für die Matheklausur angemeldet und sagst dir, dass du zur Not ja einfach die Nachklausur noch schreiben kannst. Und das ist ein Fehler. Wie intensiv wirst du lernen, wenn du immer die Backup-Option

[50] Vgl. Wissenschaft.de, o.A.: Adrenalin – das Action-Hormon, in: wissenschaft.de, 13.12.2018, [online].

im Hinterkopf hast? Leg dir doch stattdessen deinen Urlaub auf den Zeitpunkt der Nachklausur, ohne Reiserücktrittsversicherung. Kein Plan B. Es reicht auch, mit sich selbst auszumachen, die Nachklausur nicht zu schreiben, wenn du durchfallen solltest. Such dir also keinen Plan B, indem du dir sagst, notfalls könntest du dich ja noch krankmelden. Sobald du dir die Möglichkeit einräumst, wirst du sie auch nutzen. Und plötzlich geht durch den Backup-Plan deine Lernmotivation in den Keller und dir bleibt am Klausurtag nichts anderes mehr übrig, weil du nicht vernünftig gelernt hast.
Zwei bekannte Persönlichkeiten, die das Prinzip dieses Kapitels (wahrscheinlich unbewusst) angewendet haben, sind der Super-Unternehmer Elon Musk und die CDU-Vorsitzende Annegret Kramp-Karrenbauer. In seiner Biografie gibt der Multimilliardär an, in der Anfangsphase seines Raumfahrtunternehmens SpaceX und seines Automobilunternehmens Tesla vor einer schwierigen Entscheidung gestanden zu haben.[51] Beide Projekte hätten dringend eine Geldspritze benötigt. Musk stand vor einer schwierigen Entscheidung. Entweder er hätte einen Großteil seines verbleibenden Geldes in eins der beiden Unternehmen investiert und es damit abgesichert. Dann wäre das jeweils andere insolvent gegangen. Oder er hätte all sein Geld zwischen beiden Unternehmen aufteilen können. Dann wäre keins der beiden insolvent gegangen, aber beide hätten nur eine geringe Überlebenschance gehabt. Zudem hätte er dafür all sein Geld in die Unternehmen investieren müssen. Elon Musk entschied sich für Letzteres. Er musste sich nach eigener Aussage sogar von Freunden Geld für seine Miete leihen. Der Rest ist Geschichte. Elon Musk

[51]Vgl. Vance, Ashlee / Musk, Elon: Elon Musk: Wie Elon Musk die Welt verändert - Die Biografie, München, Deutschland: Finanzbuch Verlag, 20.05.2015, S. 190.

gehört zu den reichsten Menschen unserer Zeit und beide Unternehmen sind inzwischen erfolgreich. Für ihn wäre die sichere Alternative gewesen, einen Teil seines Geldes in eins der beiden Projekte zu investieren. Er hat sich jedoch lieber selbst in eine Situation gebracht, in der er mit dem Rücken zur Wand stand. Er hatte all sein Geld zwischen beiden Unternehmen aufgeteilt. Eine andere Alternative, als nun beide zum Erfolg zu führen, gab es bei seinem geringen Finanzpolster nicht mehr. Ein Misserfolg hätte ihn mittellos gemacht. Zugleich war die Situation nicht lebensbedrohlich. Wären beide Unternehmen insolvent gegangen, hätte er aufgrund seiner Bekanntheit wohl eine neue Firma gründen und ausreichend viele Investorengelder einsammeln können.
2018 konkurrierten drei ranghohe Politiker um den Vorsitz der CDU. Annegret Kramp-Karrenbauer kündigte an, im Falle einer Niederlage ihre politische Laufbahn zu beenden.[52] Wieso hatte sie das gesagt? War sie damit nicht ein unnötiges Risiko eingegangen? Nein: Durch ihre Aussage hatte sie sich nur selbst in eine Situation manövriert, in der sie mit dem Rücken zur Wand stand. Hierdurch wurden alle verfügbaren Kräfte für ihren Wahlkampf mobilisiert. Letztendlich gewann sie die Stichwahl gegen den verbliebenen Konkurrenten Friedrich Merz denkbar knapp mit nicht einmal 52 Prozent der Stimmen. Vielleicht wurden ja gerade durch ihre Festlegung die letzten Kräfte für den knappen Sieg mobilisiert. Auch in dieser Situation wäre ein Scheitern von Plan A nicht lebensgefährlich gewesen. Im Falle einer Niederlage hätte sie mit Sicherheit mit Jobangeboten aus der Wirtschaft rechnen können.

[52]Vgl. Spiegel Online, o.A: Kramp Karrenbauer will alle Ämter niederlegen, wenn sie nicht gewählt wird, in: SPIEGEL ONLINE, 17.11.2018, [online].

Was lernen wir daraus? Wenn du dich in metaphorisch nicht lebensbedrohlichen Szenarien in eine Situation manövrierst, in der es keinen anderen Ausweg außer Erfolg mehr gibt, mobilisierst du alle verfügbaren Kräfte in dir.

3.31 Gedankenspiele

Schmiede keine Pläne für hypothetische Situationen, die mit hoher Wahrscheinlichkeit sowieso nicht eintreten werden. Unabhängig davon, ob du überlegst, wie du dich in einem Vorstellungsgespräch bei einer Unternehmensberatung verhalten solltest oder wie du mitten in der Prüfung im Falle eines Blackouts reagierst. Solche Gedankenspiele kosten nur unnötig Zeit. Nutze die Zeit und die Energie stattdessen lieber für produktive Dinge als fürs Ausmalen hypothetischer Szenarien.

3.32 Tunnelblick

Viele Studenten machen den Fehler, sich wenige Tage vor der Klausur zu sehr vom Lernen ablenken zu lassen. Erfahrungsgemäß zeigt man jedoch die besten Leistungen, wenn man sich mit Tunnelblick aufs Ziel vorbereitet. Deine Aufmerksamkeit sollte messerscharf aufs Ziel gerichtet sein, so als wenn deine Nase an der Glasscheibe der Backofentür klebt, während du dich auf deine Pizza freust. Wenige Tage vor der Klausur habe ich bis auf Lernkontakte alle Verbindungen zur Außenwelt gekappt. In diesen wenigen Tagen ist eine gute Work-

Life-Balance tatsächlich nicht mehr möglich. Unterlass alle Aktivitäten bis auf das Lernen, wo immer möglich. Trenn dich kurzfristig von den schönen Seiten des Lebens. Viele Aktivitäten oder Verpflichtungen lassen sich nach der Klausur ja nachholen. Manche Dinge machen auch erst nach der Klausur so richtig Spaß: wie deine Matheunterlagen in Rauch aufgehen zu sehen. Der Tunnelblick Richtung Prüfung setzt alle Kräfte in dir frei.

3.33 Delegieren

Du kannst nicht alles alleine machen. Konzentrier dich auf das, was du am besten kannst. Deine Eltern haben dir bestimmt schon mal angeboten, dir Sachen abzunehmen. Das solltest du annehmen: den Wagen zum TÜV bringen? Einkäufe erledigen oder dir was mitbringen? Vielleicht füllen sie ja sogar mehrseitige Arbeitsverträge für dich aus, wenn du einen neuen Job antreten willst. Nett fragen kostet ja nichts. Zudem kannst du routinemäßig anfallende Haushaltstätigkeiten durch eine Haushaltshilfe oder Reinigungskraft erledigen lassen. Bezahlen könntest du sie aus den Einnahmen deiner Nachhilfetätigkeit, sofern dein effektiver Stundenlohn dabei höher ist als der der Reinigungskraft. Manche Aufgaben lassen sich sogar automatisieren: Du willst einen Text nach orthografischen Fehlern durchsuchen? Nutze die Website „Rechtschreibpruefung24“.[53] Das automatisiert die Aufgabe zwar nicht vollständig, aber beschleunigt sie zumindest enorm. Versuche Aufgaben, bei denen es keinen Mehrwert

[53]Vgl. Online Rechtschreibprüfung - Kostenlos Rechtschreibung und Grammatik prüfen, in: rechtschreibpruefung24.de, [online].

erzeugt, wenn du sie selbst erledigst, zu delegieren oder eben zu automatisieren.

3.34 Die richtige Arbeitsatmosphäre

Unordnung macht unglücklich, wie Forscher bestätigt haben.[54] Räum deine Arbeitsumgebung deshalb auf und halte Ordnung. Das heißt jedoch nicht, dass du einen kompletten Frühjahrsputz hinlegen sollst, um dich vor dem Lernen zu drücken. Zum Ordnunghalten gehört auch das Wegräumen aller derzeit nicht benötigten Lernutensilien und das Schließen aller irrelevanten Tabs auf dem Laptop. Pflanzen können ebenfalls deine Arbeitsatmosphäre verbessern. Eine Pflanze pro Quadratmeter steigert laut Forschern die Produktivität um 15 Prozent.[55] Die These allerdings, dass Pflanzen für eine spürbar bessere Raumluft sorgen, ist leider ein Mythos. Sie ist vor Kurzem widerlegt worden.[56]

3.35 Einteilung von Arbeitszeit

Wie schafft man den Spagat zwischen Lernen und Freizeit? Und Schlaf wäre auch nicht schlecht. Ein Trick dafür ist

[54] Vgl. Hartmann, Corinna: Aufräumen: Was Unordnung mit uns macht, in: Spektrum der Wissenschaft, 14.02.2019, [online].

[55] Vgl. Manager Magazin, o.A: Warum Pflanzen im Büro die Produktivität von Angestellten steigern, in: manager magazin, 02.09.2014, [online].

[56] Vgl. Lanzke, Alice: Zimmerpflanzen machtlos gegen Schadstoffe, in: WELT, 18.11.2019, [online].

es, Freizeitaktivitäten auf unproduktive Uhrzeiten zu legen. Angenommen, du kannst morgens zwischen 10 und 12 Uhr immer am besten lernen. Wieso gehst du dann genau zu dieser Zeit einkaufen oder schaust deine Lieblingsserie? Verschieb diese Aktivitäten doch lieber auf die Uhrzeiten, in denen du eh nicht mehr produktiv arbeiten kannst. An einem optimalen Tag nutzt du die produktiven Zeiten des Tages vollständig aus und beginnst deine Freizeitaktivitäten, sobald du eh unkonzentriert wirst. Zudem hindert dich auch niemand daran, Wochenenden und Feiertage wie ganz normale Tage zu behandeln. An diesen Tagen kannst du ebenfalls ganz normal lernen. Es gibt kein Gesetz, dass dich an diesen Tagen zur Untätigkeit verdammt. Verschwende die produktiven Zeiten dieser Tage nicht. Vielleicht kannst du dadurch an einem ganz normalen Wochentag früher Feierabend machen.
Wenn du deine Zeit in Arbeits- und Freizeit unterteilst, solltest du also berücksichtigen, zu welchen Zeiten du besonders produktiv arbeiten kannst.

3.36 Parkinsons Gesetz

Bald steht also die Abgabe eurer Gruppenarbeit an. Zwei Wochen habt ihr dafür Zeit gehabt. In der ersten Woche habt ihr erst einmal „einen groben Plan erstellt“, recherchiert und gebrainstormt. Eine Woche vor der Deadline ist 30 Prozent der Gruppenarbeit fertiggestellt. An manchen Stellen gibt es noch größere Bedenken. Zwei Tage vor der Abgabe werdet ihr dann urplötzlich super produktiv und setzt die restlichen 70 Prozent um. Alle Bedenken sind völlig ausgeräumt. Je

weniger Zeit noch bis zur Deadline verblieben ist, desto mehr habt ihr euch angestrengt.
Anderes Beispiel: Du sollst einen Text für die Uni lesen. Um 23 Uhr am Vorabend liest du plötzlich viel schneller als mit mehr zeitlichem Abstand zur Deadline. Ein Wunder!
Oder steckt dahinter gar ein System? In der Tat: Es gibt eine bekannte Regel im Zeitmanagement, die das Phänomen erklärt.[57] Parkinsons Gesetz sagt uns: Je mehr Zeit du für eine Aufgabe hast, desto länger brauchst du auch dafür. Das klingt komisch, ist ja eigentlich immer genau dieselbe Menge an Arbeit. Benötige ich nicht immer dieselbe Zeit, um ein To-Do zu erledigen? Nö! Je länger man Zeit hat, desto länger trödelt man auch herum. Erst kurz vor der Deadline beginnt der Zeitdruck, viele Menschen in eine Arbeitsmaschine zu verwandeln. Oder wann hast du das letzte Mal schon drei Wochen vor der Klausur die gesamte Nacht pausenlos durchgelernt?
Was lernen wir jetzt also daraus? Setze die Zeit für Aufgaben knapp an. Dadurch zwingst du dich selbst, effizient und konzentriert zu arbeiten. Und ordne jeder Aufgabe zwingend eine verbindliche zeitliche Deadline zu! Du schaust dann automatisch weniger YouTube-Videos zwischendurch, bist weniger oft bei Whatsapp in der eigentlichen Lernzeit und auch weniger anfällig für andere Ablenkungen. Das heißt jedoch nicht, dass du erst kurz vor knapp anfangen sollst zu lernen. Denn das Prinzip ist nicht beliebig ausdehnbar. Jede Klausur benötigt eine individuelle Mindestlernzeit, auch abhängig davon, welche Note du erreichen willst - jedes Projekt und To-Do genauso. Ich empfehle dir bei Entscheidungen, bei denen du deine Zeit zwischen mehreren To-Dos und Freizeit-

[57] Vgl. Mai, Jochen: Parkinsonsche Gesetz: Ach, ist noch Zeit..., in: karrierebibel.de, 03.09.2016, [online].

aktivitäten aufteilen musst, nur ein Minimum an Zeit für jede einzelne Arbeit einzuplanen. Das gilt natürlich wieder nur für nicht-lebenswichtige Aufgaben, also sicher nicht bei einem anstehenden Staatsexamen oder einem Drittversuch.
Wenn du Parkinsons Gesetz bei der Zeitzuweisung für To-Dos berücksichtigst, wirst du in der festgelegten Zeit automatisch effizienter arbeiten und dich auf das Wesentliche konzentrieren.

3.37 Denk kritisch

Hab den Mut den Status quo zu hinterfragen. Du glaubst etwas nicht, was dein Prof trocken von seinen Folien abliest? Dann sag das! Etwas kommt dir komisch vor? Sag es! Denk über die Dinge nach. Hab den Mut, dich deines Verstandes zu bedienen. Hab den Mut, Dingen tief auf den Grund gehen zu wollen. Die Gesellschaft braucht keine Ja-Sager, sondern kritische Köpfe. Sie braucht Menschen, die eigenständig denken und unter persönlichem Risiko bereit sind, Dinge voranzutreiben. Sei einer dieser Menschen!

3.38 Break the Rules

Die einzigen Regeln und Grenzen für dein Denken sollten die Naturgesetze sein. Alles, was physikalisch möglich ist, kannst du erreichen. Du könntest sogar eine Ballerina werden. Ja, wirklich! Okay, wir wollen nicht übertreiben. Ein häufiger Fehler ist, dass sich Menschen an dem orientieren, was die

Gesellschaft für möglich hält. Die Mehrheit hält aber nur für möglich, was für Otto-Normal-Verbraucher möglich ist. Du musst aber kein Otto-Normal-Verbraucher sein. Du kannst mehr. Es ist deutlich mehr drin für mutige fleißige Menschen. Du sitzt in einer Vorlesung und lernst rein gar nichts? Hol deinen Laptop aus dem Rucksack und mach ein anderes To-Do. Du sitzt in einer großen Konferenz, kannst dich aber nicht konzentrieren, weil du nicht genug gegessen hast? Dann hol was zu essen heraus. Du möchtest dir endlich mal eine Glatze rasieren? ... Okay, denk da vielleicht doch noch einmal drüber nach. Break the Rules, wo immer es sinnvoll ist. Hab den Mut, bestehende Konzeptionen selbst zu durchdenken und auch zu brechen, wenn es nötig ist.

3.39 So wie man den Tag beginnt ...

Kennst du das, wenn du schon morgens weißt, dass der gesamte Tag nichts wird? Wir alle haben diese Tage. Das Prinzip funktioniert aber genauso umgekehrt. Wenn der Tag morgens bereits erfolgreich ist, wird erfahrungsgemäß auch der Rest des Tages erfolgreich. Wie du den Tag beginnst, so wird der gesamte Tag. Beginn also den Tag direkt mit einem Erfolgsmoment. Erfolgscoach Brian Tracy empfiehlt: „Setz dich direkt an die unangenehmste Aufgabe des Tages.“ [58] Welche anstehende Aufgabe nervt dich am meisten? Genau damit solltest du deinen Tag starten. Das heißt, es kann sinnvoll sein, sobald sich morgens deine Augen öffnen, zum Schreibtisch zu stolpern und direkt die ersten 30 Minuten

[58] Vgl. Warkentin, Nils: Eat the Frog: Besseres Zeitmanagement, in: karrierebibel.de, 06.02.2018, [online].

des Tages an der unangenehmsten Aufgabe des Tages zu arbeiten. Jetzt könntest du einwenden: „Hey, ich würde das ja gerne machen, liebend gerne. Es wäre mir gar eine Freude. Aber ich habe direkt nach dem Aufstehen keine Zeit für diese halbe Stunde Arbeit.“ O doch, das hast du. Wie viel Zeit verlierst du denn morgens allein dadurch, dass du „nur noch fünf Minuten liegenbleiben möchtest?“ Und falls du dich darin nicht wiedererkennst, kannst du ja auch einfach eine halbe Stunde früher aufstehen. Du wirst sehen, dass du den Rest des Tages viel disziplinierter, erfolgreicher und selbstbewusster sein wirst, wenn du den Tag mit Arbeit beginnst.

3.40 Lean working

Dieses Konzept aus der Startup-Szene ist in abgewandelter Form gut auf die Unizeit anwendbar.[59] Erstelle erst einen gerade so marktfähigen Prototypen und verbesser ihn dann systematisch in Feedback-Runden.

Wenden wir das Ganze mal auf das Schreiben einer Hausarbeit an: Schreib einen Rohentwurf ohne viel Schnörkeleien oder ausufernde Zusatzthemen. Der Rohentwurf sollte nur das Wesentliche enthalten, was du schreiben musst, um die Arbeit abgeben zu können, die Mindestanforderungen eben. Dann gibst du sie Freunden, die vom Fach sind, zu lesen und bittest um Feedback. Ihre Wünsche und Vorstellungen baust du ein. Du kannst auch deinen Betreuer statt deine Freunde

[59] Vgl. Gruenderszene Magazin, o.A.: Lean-Startup, in: Gruenderszene Magazin, [online].

fragen. Dann weißt du genau, in welche Richtung du die Hausarbeit weiterentwickeln sollst. Auf diese Weise erzielst du erfahrungsgemäß sogar eine bessere Note. Wenn dein Betreuer die Arbeit in frühen Entwürfen schon liest und du all sein Feedback umsetzt, kann er sich später nicht beschweren, dass die Arbeit schlecht wäre. Du hast ja genau das umgesetzt, was er verlangt hat. Du verhinderst durch die Methode zugleich, am Thema vorbeizuschreiben, und arbeitest immer nur an den dringendsten Problemen und noch nötigen Anforderungen (schon wieder diese Deltas ...), nämlich denen, die die Leser stören und über ihr Feedback zurückspiegeln. Es ist besser, früh Feedback zu seinem Prototyp einzuholen, um die Hausarbeit an die Leser exakt anzupassen. Nichts ist ärgerlicher als Kapitel, die eigentlich keine Socke interessieren, während die Kernkapitel dafür zu kurz kommen.

3.41 Schneller entscheiden

Dieses Konzept habe ich von einem klassischen Konzept der Spieltheorie (einer Art Theorie des Verhandelns in den Wirtschaftswissenschaften) abgeleitet.[60]

In manchen Situationen kann man Entscheidungen schnell treffen und somit Zeit sparen. Würdest du lieber 15 oder 10 Euro in der Tasche haben? Hier brauchen wir nicht lange nachdenken. Die Entscheidung ist direkt klar. Oder dir fällt ein Stück vom Sandwich auf den Boden. Dann wissen wir, dass wir es noch drei Sekunden lang essen dürfen, ohne ein schlechtes Gewissen zu haben. Immer dann, wenn es eine

[60] Vgl. Christian Rieck: Dominante / dominierte Strategie, in: Professor Rieck's Spieltheorie-Seite, 2008, [online].

klare Strategie gibt, können wir schnell Entscheidungen treffen.
Diesmal ein Beispiel aus dem Studium: Es gibt da diese eine unangenehme Klausur. Studenten haben beliebig viele Versuche. Du musst sie schreiben und nur bestehen, aber du willst nicht. Beim ersten Termin bist du durchgefallen. Du hast die gesamten Semesterferien frei. Schreibst du sie im Nachtermin mit oder nicht?
Hier gibt es eine unstrittig beste Strategie. Wenn du die Klausur schreibst, bestehst du entweder oder du fällst durch und musst sie noch einmal schreiben. Wenn du sie gar nicht erst schreibst, ist das, wie durchgefallen zu sein. Selbst im schlechtesten Szenario der Strategie „Klausur schreiben“ landest du also beim Ergebnis der Strategie „Klausur nicht schreiben“. Im besten Fall landest du bei einem besseren Ergebnis als bei der Alternativstrategie. Du bist also, unabhängig vom eintretenden Szenario, mindestens genauso gut dran, wenn du die Klausur schreibst, als wenn du sie nicht schreibst.
Fazit: schnelle Entscheidung - du schreibst die Klausur. Immer wenn eine Strategie in jedem möglichen Szenario besser oder zumindest gleich gut wie alle anderen möglichen Strategien ist, kannst du künftig schneller entscheiden.

3.42 Über Bären, Delfine, Löwen und Wölfe

Drei Uhr morgens. Von Rocky-Musik begleitet, läufst du zum Sport, beantwortest Mails, schreibst an deiner Hausarbeit und sitzt um acht gut gelaunt in der Vorlesung. Machen doch die ganzen Manager ebenso in der Art, oder? Muss doch dann ideal auch für dich sein, oder? Nicht unbedingt!

Schlafforscher Michael Breus sagt: Wie der perfekte Tag für dich aussieht, hängt von deinem sogenannten Schlafchronotyp ab, also deinen genetischen Veranlagungen bezüglich Schlaf.[61] Ich kann dir sein Buch „The Power of When“ wärmstens ans Herz legen. Er unterteilt Menschen darin in vier verschiedene Chronotypen. Für jeden von ihnen gibt er individuell abgestimmte Ratschläge, wie sie ihren Tag planen sollten. Schon dadurch, dass du deinen Tagesablauf zeitlich an deine biologischen Veranlagungen anpasst, steigert sich deine Produktivität und damit deine Lebensqualität als Ganzes. Deinen Schlafchronotyp kannst du durch ein Quiz auf der Website zu seinem Buch ermitteln.[62]
Mein Chronotyp ist wie der von 50 Prozent der Menschen „Bär“. Darum versuche ich, wann immer möglich, meinen Alltag an den optimalen Alltag eines Bären anzupassen. Falls du dich beim Quiz als Mitbär herausstellen solltest, kannst du dich an meinem Tagesablauf orientieren: Wir Bären stehen optimalerweise um 7 Uhr auf. An fünf Tagen in der Woche mache ich dann direkt 45 Minuten auf meiner Fitnessmatte Sport. Dafür nutze ich die App „Kernwerk“, die jeden Tag ein personalisiertes Workout für mich zusammenstellt.[63] Fertig mit dem Training bin ich also gegen 7:45 Uhr. Meistens bin ich dann gut gelaunt, weil ich direkt morgens den inneren Schweinehund besiegt und eine anstrengende Sporteinheit hinter mich gebracht habe. Danach dusche und frühstücke ich proteinreich, wie im Buch empfohlen. Um 8:30

[61]Vgl. Breus, Michael: The Power of When, o.O., o.O.: Ebury Digital, 2016.

[62]Vgl. Breus, Michael: What's Your Chronotype?, in: The Power of When | Quiz, [online].

[63]Vgl. KERNWERK GmbH. „KernWerk“ [Mobile application software].

Uhr gehe ich ins Büro oder beginne die Arbeit im Homeoffice. Bären haben laut Breus ihren kognitiven Hochpunkt zwischen 10 und 12 Uhr. In dieser Zeit erledige ich geistig besonders anstrengende Aufgaben. Um 12 Uhr starte ich zu meiner nahegelegenen Lieblingspizzeria. Bevor ich mich auf den Weg mache, rufe ich an und bestelle bereits, damit ich nicht warten muss, wenn ich da bin. „Ah, Patrick! Nummer 71 wieder?“ Natürlich könnte ich das Essen auch liefern lassen, aber ich empfinde den kurzen Spaziergang mittags als eine erholsame Pause. Zugleich muss ich so nicht den Mindestbestellwert erreichen. Nach dem Essen gehe ich wieder zurück ins Büro, wo ich gegen 12:45 Uhr ankomme. Wenn ich mich für ein gemeinsames Essen mit einem Freund verabredet habe, nehme ich mir hierfür mehr Zeit und bestelle mein Essen auch nicht vorher telefonisch.

Laut Buch ist sieben Stunden nach dem Aufstehen der beste Zeitpunkt für Bären, Mittagsschlaf zu halten. Ich halte mich nicht genau an den Zeitpunkt, merke aber, dass ich wirklich ungefähr um diese Zeit (plus/minus zwei Stunden) müde werde, und mache dann ein Nickerchen. Das ist in meinem Büro, im Homeoffice oder auch in der Bibliothek machbar. Dadurch erhöht sich meine Nachmittagsproduktivität. In der Regel arbeite ich dann bis abends und gehe schließlich Freizeitaktivitäten nach. Gegen 23 Uhr gehe ich schlafen. Die optimale Zeit ist laut Buch dafür 23:10 Uhr - geplante Aufwachzeit minus 470 Minuten: 450 Minuten für fünf Schlafzyklen, 20 Minuten fürs Einschlafen.
Schon den Tagesalltag an die natürlichen Veranlagungen anzupassen, sorgt laut Breus für einen gesünderen und produktiveren Alltag, was ich bestätigen kann.

3.43 Die optimale Schlafdauer

Weniger schlafen, um mehr Zeit für Uni und Freizeit zu haben? Ich kann davon nur abraten. Um produktiv zu sein, ist ausreichend Schlaf essenziell. Die Universität von Kalifornien hat eine Schlafstudie mit mehr als einer Million Teilnehmern über einen Zeitraum von sechs Jahren durchgeführt.[64] Ergebnis: Eine Schlafdauer zwischen sieben und acht Stunden ist optimal. Bereits 20 Minuten zu wenig, so die Studie, können die Leistungs- und Erinnerungsfähigkeit beeinträchtigen. Vor Klausuren noch bis tief in die Nacht zu lernen, ist also Selbstsabotage. Spar deine Zeit nicht am falschen Ende. Bei einer Schlafdauer von sieben Stunden ist zudem die Sterberate signifikant niedriger als bei Probanden, die mehr oder weniger schlafen. Für einige Studenten im Prüfungsstress kein überzeugendes Argument mehr. Wer mindestens sieben Stunden schläft, verbessert seine kognitive Leistungsfähigkeit. Die Fähigkeit verschlechtert sich, wenn man weniger als sieben oder mehr als acht Stunden schläft. Es hat sich herausgestellt, dass diese Zahlen tatsächlich für alle Menschen zwischen 18 und 64 Jahren optimal ist. Breus ergänzt dazu in seinem Buch, dass man seinen Schlaf besser nicht in Stunden, sondern vollständig durchlaufenen Schlafzyklen à 90 Minuten zählen sollte. Vier vollständige Schlafzyklen zu durchlaufen sei gut, fünf optimal. Was aber ist, wenn du mal nicht deine benötigte Anzahl an Schlafzyklen bekommst, weil du mal wieder lange feiern warst? Am nächsten Tag länger schlafen? Laut Breus solltest du genau das nicht tun, weil das den gesamten Schlafchronorhythmus durcheinander bringt. Stattdessen solltest du an dem Tag die Zähne zusammen-

[64]Vgl. Wrede, Jan: Was ist die optimale Schlafdauer? Erholsamer Schlaf ohne Schlafmangel, in: SomniShop.com, 30.06.2017, [online].

beißen und wie gewohnt zur selben Zeit aufstehen. Generell wichtig ist auch, dass dein Wecker dich nicht zum falschen Zeitpunkt - sprich: in der falschen Schlafphase - weckt. Wenn du in einer Tiefschlaf- oder REM-Phase geweckt wirst, fühlst du dich besonders groggy. Um das zu vermeiden, nutze ich die App „Sleep Cycle".[65] Sie weckt dich in einem von dir eingestellten Zeitraum zur bestmöglichen Zeit. So fühlst du dich morgens gleich viel besser.

Du willst deine Schlafdauer hacken? Dafür ist laut der Schlafwebsite Somnishop der Urlaub ein guter Zeitpunkt: Die individuell optimale Schlafdauer hängt demnach von den Besonderheiten des eigenen Körpers ab. Wähle einen Zeitraum, in dem du drei Tage lang nicht zu einer bestimmten Uhrzeit aufstehen musst. Darin solltest du erst ins Bett gehen, wenn du müde bist. Und verzichte mal ausnahmsweise auf Alkohol und Zigaretten. Schlaf, bis du ohne Wecker aufwachst und dich ausgeschlafen fühlst. Zähl an den mindestens drei Tagen die Stunden, die du geschlafen hast. Berücksichtige dabei die benötigte Zeit bis zum Einschlafen! Rechne aus, wie lange du im Durchschnitt pro Nacht geschlafen hast. Nun hast du die Anzahl der Stunden, die dein Körper braucht, um ausgeruht und fit in den Tag starten zu können. Versuch, dich nun im Alltag konsequent an diese Zeiten zu halten. Schlaf auch am Wochenende nicht mehr als ein oder zwei Stunden zusätzlich.

Es gibt ein interessantes alternatives Schlafkonzept, das ich selbst noch nicht ausprobiert habe, aber euch der Vollständigkeit halber nicht vorenthalten will. Es heißt „Uberman". Der Name ist Programm, der Übermensch. Es ist ein Konzept,

[65]Vgl. Sleep Cycle Alarm Clock, o.A.: How Sleep Cycle works, in: sleepcycle.com, [online].

das aus meiner Sicht höchstens für extrem ehrgeizige Studenten geeignet ist, nämlich für angehende Dax-Manager und Super-Unternehmer. Diese Schlaftechnik steht im Kontrast zu den normalen Schlafgewohnheiten, findet der Onlineblog „Officeflucht“.[66] Obwohl sie sogar evolutionsbedingt natürlicher sei. Nur nachts zu schlafen, nenne man monophasischen Schlaf. Seinen Schlaf auf mehrere Phasen aufzuteilen, heißt polyphasischer Schlaf. Junge Eltern testen polyphasischen Schlaf oft ungewollt von ganz alleine. Der Uberman ist die anspruchsvollste unter einer Vielzahl an polyphasischen Schlafmethoden. Wer regelmäßig Mittagsschlaf einplant, kann sogar bereits sagen, er würde einem biphasischen Schlafrhythmus folgen. Klingt auch irgendwie besser, als seinen Eltern zu sagen, dass der Mittagsschlaf eskaliert ist und man es nicht zur Nachmittagsvorlesung geschafft hat. Der Uberman hingegen ist nochmal deutlich anders. Er enthält keine Hauptschlafphase. Bei dieser Technik schläfst du nicht mehr deine optimalen sieben bis acht Stunden am Tag, sondern zwei(!). Ja, richtig gehört: Ein Schlafzyklus besteht aus Leichtschlaf-, Tiefschlaf- und REM-Phasen. Hierbei könnte man noch die Einschlafphase ergänzen. In der Tiefschlafphase entspannen und erholen wir uns. Die Gehirnaktivität ist niedrig. In der REM-Phase eines Schlafzyklus verarbeiten wir die Geschehnisse des Tages. Unsere Hirnaktivität steigt und Adrenalin wird ausgeschüttet. Neugeborene schlafen sogar effizienter als wir. Sie durchlaufen, so Officeflucht, nur REM-Phasen. Der Schlaf von Erwachsenen besteht hingegen nur zwei Stunden lang aus REM-Phasen. Jedoch finden diese 20-minütigen REM-Phasen nicht am Stück, sondern im Wechsel mit anderen Schlafphasen statt. Und jetzt wird es

[66] Vgl. Bastian Barami: Der Uberman: Pimp my Life mit Polyphasenschlaf, in: officeflucht.de, 07.07.2016, [online].

erst richtig spannend: Was wäre, wenn man seinen Schlaf auf die wirklich essenziellen Phasen reduzieren könnte? Der Uberman ist geboren - eine Schlafmethode, nach der schon da Vinci geschlafen haben soll. Der Körper wird dazu gnadenlos darauf trainiert, direkt in die relevanten Phasen zu springen. Officeflucht nennt als Beispiel für einen möglichen Tagesablauf, dass man um 2:00, 6:00, 10:00, 14:00, 18:00 und 22:00 Uhr jeweils 20 Minuten schlafen soll. Spätestens an diesem Punkt heißt es: Sozialleben ade. Deine Freundin wird dir wahrscheinlich einen Vogel zeigen. Zudem musst du deine Tage besonders akribisch planen, um kein Nickerchen zu verpassen. Der letzte Satz klingt dabei eigentlich nach einem vielversprechenden Lebensmotto, aber leider nicht in Verbindung mit dem Uberman. Was meinst du, wie dich dein Professor anschaut, wenn du gemütlich in einer beschaulichen kleinen Vorlesung dein Kissen rausholst und erst einmal 20 Minuten schläfst? Er könnte das womöglich als einen Akt der Aggression verstehen. Zudem dürftest du nicht beim Schlafen gestört werden. Du bräuchtest also einen gesicherten ruhigen Schlafplatz. Auch die Umgewöhnungsphase muss unglaublich hart sein. Du fühlst dich wie ein Zombie und solltest vorerst auch aus Sicherheitsgründen aufs Autofahren verzichten, warnt Officeflucht. Denn der Körper gelangt in den ersten Tagen innerhalb der 20-minütigen Nickerchen nicht in die Tiefschlaf- und REM-Phasen. Du wirst dich also fühlen, als hättest du tagelang nicht eine Stunde geschlafen, bis der Körper das Schlafverhalten umstellt.
Diese Schlaftechnik ist aus meiner Sicht nur interessant, wenn du lange Zeit abgeschirmt von der Außenwelt an einem Projekt wie deiner Masterarbeit, arbeiten willst. Solange du nicht die Gestaltung deines kompletten Alltags kontrollierst und bereit bist, dein Sozialleben so ziemlich über den Haufen

zu werfen, ist der Uberman deshalb nichts für dich, auch wenn du durch ihn zusätzliche fünf bis sechs Stunden freie Zeit pro Tag gewinnst: der feuchte Traum eines jeden verblendeten Selbstoptimierers wie mir.

3.44 Die richtige Schlafqualität

Wir haben alle schon einmal jemanden in der Disco gesehen, der tatsächlich genau auf den Boxen eingeschlafen ist, auf dem lautesten Ort im ganzen Club. Ein Wunder der Natur. Leider ist das nicht der beste Ort und die richtige Umgebung, um zu schlafen. Wie geht es besser?

Der Onlineblog „About ahead" unterscheidet mehrere Einflussfaktoren für deine Schlafqualität.[67] Vor dem Schlafengehen sollest du alle Lichtquellen, wenn möglich, ausschalten. Kein laufender Fernseher. Kein leuchtender Knopf deiner Nachttischlampe, die Rollladen runter, damit kein Laternenlicht in dein Zimmer kommt. Ich schalte zusätzlich, wenn ich bald ins Bett gehen will, alle Blautöne meiner elektronischen Geräte aus, die ich noch an dem Abend benutze. Denn es hemmt, sagt die Ärztezeitung, die Ausschüttung des Schlafhormons Melatonin.[68] Bei den meisten Handys, Computern und Tablets geht das per Klick im Schnellmenü. Zudem habe ich auf meinem Laptop eingestellt, dass er ab 21 Uhr au-

[67] Vgl. Schroeder, Johannes: Schlafumgebung optimieren: Wie Du mit dem perfekten Schlafzimmer besser entspannst, in: aheadnutrition.com, 23.10.2019, [online].

[68] Vgl. Müller, Thomas: Wenn Blaulicht den Schlaf raubt, in: Ärztezeitung, 02.04.2012, [online].

tomatisch in den Nachtmodus schalten soll. Das bedeutet, dass er dann alle Blautöne herausnimmt und erst zu einer von mir eingestellten Zeit wieder einschaltet. Das ist morgens ab 8 Uhr. Bei meinem Handy muss ich die Blautöne morgens wieder manuell anschalten. Dafür ziehe ich wie beim Ausschalten nur die Benachrichtigungsleiste herunter und klicke auf den Button „Blaulicht“. Während du dich abends vor dem Schlafengehen möglichst wenig Licht aussetzen sollest, würde es morgens zum Wachwerden nützlich sein sich möglichst viel Licht auszusetzen, erklärt Experte Michael Breus. Licht sei ein entscheidender Faktor fürs Einschlafen und Aufwachen.

Eine weitere wichtige Stellschraube für die Schlafqualität ist die Temperatur.[69] Sie soll optimalerweise bei 18 Grad Celsius liegen. Seien wir ehrlich: Das misst niemand nach. Schau daher einfach, dass dir weder zu warm noch zu kalt ist.

Auch die Schlafumgebung ist wichtig. Vermeide lebendige Pflanzen im Schlafzimmer, da sie nachts Sauerstoff verbrauchen und Kohlendioxid ausströmen. Ich persönlich versuche zudem, Stress und emotional aufwühlende Gedanken vor dem Schlafengehen zu vermeiden.

Ist Schlaf vor Mitternacht eigentlich besonders wertvoll? Nein, sagen Fachleute, das sei ein Mythos.[70]

Und es gibt noch einen Ratschlag aus dem Buch von Michael

[69] Vgl. Meine-Gesundheit.de, o.A.: Das optimale Schlafzimmer, in: Meine-Gesundheit.de, [online].

[70] Vgl. Merlot, Julia: Schläft man vor Mitternacht am besten?, in: SPIEGEL ONLINE, 07.07.2014, [online].

Breus, der viele Studenten in Angst und Schrecken versetzen dürfte. Denn er empfiehlt, penibel feste Schlafrhythmen einzuhalten. Dieser Tipp ist für das Studentenleben eher unpraktisch und ich habe mich selbst nicht daran gehalten. Die meisten guten Partys starten ja erst um 23 Uhr. Eine gute Kompromisslösung sind sogenannte „120-Minuten Partys". Diese finden von 22 bis 24 Uhr statt. Sie ermöglichen es, feiern zu gehen und dennoch am nächsten Tag pünktlich in der Vorlesung zu sitzen. Schau doch mal, ob es in deiner Stadt auch 120-Minuten Partys gibt. Für gute Partys lohnt es sich, auch mal von seinen Schlafzeiten abzuweichen, solange es nicht kurz vor einer Klausur ist.

3.45 Power Naps

Wann ist die richtige Zeit für Mittagsschlaf? Na immer! Nein. Mittagsschlaf ist eine Wissenschaft für sich. Power Naps können, richtig eingesetzt, neue Energie freisetzen. Und wenn wir ehrlich sind, gehören sie zu den schönsten Dingen im Leben. Der renommierte Schlafforscher Jürgen Zulley verspricht gar eine Leistungssteigerung von bis zu 35 Prozent.[71] Wenn du mittags nach mehreren Stunden Lernen ausgelaugt bist, kannst du deinen Energietank durch einen Mittagsschlaf also neu auffüllen. Achte jedoch wirklich darauf, dass dein Wecker wieder klingelt, solange du noch in einer Leichtschlafphase bist. Wer mittags länger als eine halbe Stunde schläft, so Zulley, ist danach bis zu eine Stunde lang schlaftrunken. Forscher der Flinders University kommen für Mittagsschlaf

[71] Vgl. Pleil, Annika: Powernapping: Fit durch Turboschlaf in 3 Schritten, in: Getsurance.de, 10.07.2017, [online].

auf ein Schlafoptimum von zehn Minuten.[72] Die Müdigkeit nimmt danach ab und die Leistungsfähigkeit steigt. Auch nach 20 bis 30 Minuten Mittagsschlaf tritt dieser Effekt noch ein, aber mit noch mehr ist 30 Minuten lang mit Schlaftrunkenheit zu rechnen.
Um neues Wissen in seinem Kopf zu verankern, sollte man jedoch mindestens eine Stunde schlafen, so Forscher der Harvard University. Hierfür muss man allerdings Tiefschlaf- und REM-Phasen erreichen, anders als beim klassischen Mittagsschlaf, um dich nach dem Power Nap nicht groggy zu fühlen. Michael Breus empfiehlt zudem vier Stunden vor dem geplanten Schlafengehen, kein Nickerchen mehr zu machen. Den besten Zeitpunkt, zumindest für Bären, kennst du ja bereits. Es kommt also auf die Zielsetzung deines Mittagsschlafes an: Produktivitätssteigerung, kurze Pause oder neues Wissen verankern. Seien wir ehrlich: Eigentlich will man sich nur ein paar Minütchen Schlaf gönnen. Was gibt es Schöneres? Wenn ich Mittagsschlaf halten will, stelle ich unter Berücksichtigung der Einschlafzeit meinen Wecker auf circa 30 Minuten und verabschiede mich ins Land der Träume.

3.46 Die Prüfungsvorbereitung

3.46.1 Zeitplan erstellen

Einen Zeitplan zu haben, ist eine tolle Sache. So toll, dass man jeden Tag einen neuen machen muss, weil der alte schon nicht mehr eingehalten wird. Lass uns mal zusammen be-

[72]Vgl. Langemak, Shari: Leistung: Was Sie beim Powernap beachten müssen, in: WELT, 15.09.2013, [online].

sprechen, wie ein wirklich guter Lernplan aussieht.
Zähle zunächst die freien Lerntage bis zur Prüfung. Berücksichtige dabei Ereignisse, die nicht verschiebbar sind. Tante Erna hat zwei Tage vor der Klausur Geburtstag? Könnte ihr letzter sein. Da musst du wohl hin. Gleiches gilt für Arbeit, die nicht auf die Zeit nach der Klausurenphase verschiebbar ist. Du musst dann beurteilen, ob durch das jeweilige Ereignis ein halber Lerntag oder ein ganzer verloren geht. Du hast noch eine Übung und eine Vorlesung an einem Tag vor der Klausur? Halber Tag weg! Du musst die Familie in Timbuktu besuchen? Plan mal lieber einen ganzen Tag ein ...
Nun kannst du die übrige verfügbare Lernzeit zusammenzählen. Normalerweise kommt dann vielleicht so etwas wie 8,5 Tage für eine Klausur heraus. Als Nächstes überlegst du dir nach dem Stellschrauben-Prinzip, mit welchen Lernaktivitäten du deine Klausurnote beeinflussen kannst. Wir nehmen hierfür zunächst an, du hättest unbegrenzt viel Zeit. Wirf also vorerst keine Stellschrauben aus deinem Lernplan raus, nur weil du denkst, du hast nicht mehr die Zeit dafür.
In der Regel sind mögliche Stellschrauben
i) das Lernen der klausurrelevanten Vorlesungsinhalte,
ii) das Lernen aller klausurrelevanten online hochgeladenen Paper,
iii) das Bearbeiten der klausurrelevanten Übungsaufgaben,
iv) das Bearbeiten der Probeklausur,
v) das Bearbeiten aller klausurrelevanten Aufgaben in Altklausuren des Lehrstuhls,
vi) das Bearbeiten aller klausurrelevanten interaktiven Online-Augaben und
vii) das Bearbeiten aller klausurrelevanten Aufgaben in Altklausuren aus dem Internet, zu denen es eine Musterlösung gibt.

Aber wann genau ist denn eine Aufgabe jetzt eigentlich klausurrelevant? Das müssen deine Lerngruppe und du selbst abschätzen. Bleib aber ehrlich und wirf nicht einfach schwierige Problemstellungen raus. Sortiere nur Aufgaben als nicht klausurrelevant aus, die definitiv nicht klausurrelevant sind. Wir haben hier alle möglichen Stellschrauben identifiziert. Je nachdem, für welches Fach du lernst und in welchem Studiengang du dich befindest, können die Stellschrauben variieren. Die obige Liste ist aber schon einmal ein guter Anhaltspunkt.

Jetzt heben wir die Annahme unbegrenzter Zeit auf. Wir müssen also überlegen, an welchen Stellschrauben wir in unserer begrenzten Lernzeit drehen wollen. Hierfür nutzen wir die Methode des größten Deltas. Wir identifizieren das jeweils größte Delta in absteigender Reihenfolge, bis wir glauben, keine Zeit mehr fürs Drehen an weiteren Stellschrauben zu haben. Ein realistischer Lernplan umfasst meistens die Punkte i-v. Das größte Delta ist die Probeklausur. Falls du dich in der misslichen Lage befindest, zwei Tage vor der Klausur noch keinen Finger gerührt zu haben, fokussier dich auf die Probeklausur. Sie enthält die besonders klausurrelevanten Aufgaben und auch in dem Schwierigkeitsgrad, wie er abgefragt werden könnte. Aber womöglich enthält die Probeklausur nicht alle super-klausurrelevanten Aufgaben. Doch zu dieser Zeit ist es fast alternativlos, auf Lücke zu lernen. Wenn du die Probeklausur beherrschst - also bei allen Aufgaben in der Klausurzeit aus dem Kopf die volle Punktzahl erzielen und auch jede Frage dazu im Detail beantworten könntest - stehen deine Chance für eine 4,0 gar nicht so schlecht. Das zweitgrößte Delta sind die Übungsaufgaben, das drittgrößte Delta die Vorlesung. Wenn deine Zeit bis zur Klausur zu knapp für eine chronologische Abarbeitung des Klausurstoffes

ist, solltest du die obige Reihenfolge wählen. Also bei knapper Zeit gilt: erst die Probeklausur und die Übungsaufgaben zu den Themenfeldern, die darin abgefragt worden sind, dann die anderen klausurrelevanten Übungsaufgaben, nun den Vorlesungsstoff durcharbeiten.
Wenn du mehrere Prüfungen in geringen zeitlichen Abständen absolvierst, musst du die Zeit entsprechend der Schwierigkeitsgrade, Prioritäten der Klausuren und deiner Zeit einteilen. Dann solltest du entsprechend aber auch deutlich früher mit dem Lernen anfangen. Für jede Klausur sollte ein Otto-Normal-Student für eine gute Note mindestens fünf Tage Lernzeit zur Verfügung haben.

3.46.2 Die Problemliste

Ein mächtiges Werkzeug: Wann immer etwas nicht auf Klausurniveau geklappt hat, kommt es auf die Problemliste. Du kannst dir eine Definition einfach nicht merken? Mach einen Stichpunkt mit dem Namen der Definition auf der Problemliste. Beim Zeichnen eines wichtigen Diagramms aus dem Kopf hat ein kleines Detail gefehlt? Problemliste. Du hast eine Übungsaufgabe gerechnet, aber bist dabei zu langsam gewesen? Liste. Du verstehst einfach ein bestimmtes Konzept ni... Liste! Ist ja gut.
Jetzt sind wir einmal mit unserem gesamtem Lernplan durch. Nun schauen wir uns die Liste an. Sie enthält alles, was noch nicht auf Klausurniveau klappt. Wir arbeiten nacheinander alle Punkte auf der Liste wieder neu durch. Was immer noch nicht klappt, bleibt auf der Liste. Was inzwischen beim zweiten Versuch klappt, streichen wir durch. Wenn wir

alle Probleme auf der Liste erneut durchgearbeitet haben, müsste die Liste inzwischen kürzer sein. Jetzt starten wir das Abarbeiten der Liste von vorne. Und dieses Verfahren wiederholen wir solange, bis die Liste leer ist, bis es keine Probleme, Definitionen, Verständnisfragen, Übungsaufgaben, Klausuraufgaben und und und mehr gibt, die du noch nicht auf Klausurniveau beherrschst. Indem du an den To-Dos auf der Problemliste arbeitest, werkelst du stets an den größten Deltas. Also arbeitest du nicht an Aufgaben, die du schon kannst, sondern immer nur an denen, die du noch nicht beherrschst. Stehen noch viele Punkte auf der Liste, wenn du in die Klausur gehst, fällt deine Klausur schlechter aus. Ist sie fast blitzeblank oder sogar ganz leer, wird deine Note in der Regel sehr gut. Sie spiegelt später wieder, wie lang diese Liste noch zur Zeit der Klausur gewesen ist. Dein Ziel ist es also, bis zur Klausur eine leere Liste zu haben.

Die Problemliste ist ein Konzept, um immer an den noch dringendsten Baustellen deiner Klausurvorbereitung zu arbeiten.

Geheimtipp: Wenn die Zeit knapp wird bis zur Klausur, kannst du die übrigen Spiegelstriche auf der Liste auch mit einer Priorität gewichten. Dabei steht ein Ausrufezeichen für wichtig, zwei stehen sogar für sehr wichtig. Du kannst bei Zeitmangel zunächst nur die klausurrelevantesten Stichpunkte abarbeiten und dich dann langsam in der Priorität der Probleme herunterarbeiten. Damit suchst du quasi noch einmal die größten Deltas unter den bereits größten Deltas.

Die Problemliste ist wie gesagt ein mächtiges Werkzeug meines Lernarsenals, das ich hiermit gerne mit dir teilen möchte.

3.46.3 Smarte Prüfungsvorbereitung

Die richtige Prüfungsvorbereitung ist und bleibt die Gretchenfrage des Studiums. Denn davon hängt deine Note ab. Ich will dir dazu zunächst das typische Lernverhalten des klassischen Studenten in etwas (aber nicht sehr) überspitzter Form darlegen. Wenn du dich darin wiedererkennst, schäm dich! Aber mithilfe dieses Buches wird das in Zukunft ja besser.

Die Chronologie des Scheiterns beginnt damit, dass der typische Student den Großteil des Semesters chillt. Er geht nicht zu allen Vorlesungen und Übungen. Mitschreiben? Fehlanzeige! Das gibts ja alles online. Während Vorlesung und Übung sich ein YouTube-Video reinziehen oder mit dem Sitznachbarn den Verlauf der letzten Partynacht sorgfältig evaluieren? Warum nicht? Ab und an bringt er sich aber auch mit scharfsinnigen Fragen in den Unterricht ein:
„Kann ich mal auf Toilette?“
„Ich weiß nicht, ob du das kannst.“
Keiner lacht.
Die Klausur rückt näher. *30 Tage vor der Klausur*: ... nichts.
14 Tage vor der Klausur: ... immer noch nichts.
10 Tage vor der Klausur: Etwas regt sich. Ist es ein Student, der aus seinem Winterschlaf erwacht ist?
7 Tage vor der Klausur: Der inzwischen nervöse Student versucht seine vor dem Winterschlaf verbuddelten Erinnerungen an die Übungen wiederzufinden, findet aber partout nichts. Er ist ja nur physisch anwesend gewesen.
6 Tage vor der Klausur: Er schließt sich mal einer Lerngruppe an und versucht mitzukommen. Leider ist die Lerngruppe schon viel weiter beim Lernstoff. Er steigt geistig aus, trennt

sich schließlich ganz von der Lerngruppe, um „erst einmal selbst ein paar Sachen nachzuarbeiten". Zeit für Netflix.
5 Tage vor der Klausur: Der Student lernt erst einmal die Vorlesung auswendig. Vorher ist es ja eh viel zu früh für die Übungsaufgaben.
4 Tage vor der Klausur: Es wird Kontakt zu einem anderen panischen Studenten aufgenommen. Beide haben noch kaum für die Klausur gelernt. Na, das ist beruhigend zu hören. Dann braucht man ja nicht in Panik zu verfallen.
2 Tage vor der Klausur: Panik! Eigentlich wäre eine Ausbildung zum Busfahrer doch immer schon interessant gewesen. Zumindest die Vorlesung ist jetzt grob im Kopf. Nur wenige Themen sind auf Lücke gelernt. Man könnte sich ja jetzt mal die Musterlösungen der Übungsblätter zumindest durchlesen.
1 Tag vor der Klausur: Resignation. Wird morgen eh nix.
Tag der Klausur: Welch ein Jammer: plötzlich erkrankt! Aber bei der Nachklausur wird alles besser.

Auch der Student mit Köpfchen chillt den Großteil des Semesters. Er geht jedoch zu vielen Vorlesungen und zu allen Übungen. Er schreibt die wichtigsten Punkte im Unterricht mit und stellt sogar ab und zu fachbezogene Fragen. Verständnismäßige Unklarheiten räumt er damit sofort aus. Zudem erinnern sich die Dozenten dann ja vielleicht später in der Klausur oder der Klausureinsicht an ihn als aufgeweckten fleißigen Studenten. Einen guten Eindruck zu hinterlassen, kann ja nicht schaden. Das coole neue YouTube-Video und die Geschehnisse der letzten Party bespricht er *nach* dem Unterricht mit seinem Kumpel. Auf der Party ist er Lisa aus der Vorlesung durch seine regelmäßigen intelligenten Fragen „irgendwie bekannt vorgekommen". High Five!

Der Tag der Klausur rückt näher. *30 Tage vor der Klausur*: ... nichts.
14 Tage vor der Klausur: ...immer noch nichts.
10 Tage vor der Klausur: Etwas regt sich. Ist es ein Student, der aus seinem Winterschlaf erwacht ist? Er erstellt sich einen Lernplan: zwei Tage für das Zusammenfassen der Vorlesung, drei Tage für die Übungsblätter, einen Tag für die Probeklausur und Altklausuren, zwei Tage für das Abarbeiten der Problemliste und weitere zwei Tage Puffer für Unvorhergesehenes und Planabweichungen.
7 Tage vor der Klausur: Die vor dem Winterschlaf verbuddelten Erinnerungen an die Übungen und Vorlesungen wachsen mit weiterer Lernzeit zu prächtigen Wissensbäumen. Das Zusammenfassen und Lernen der Vorlesung hat länger gedauert als gedacht, aber er hat ja Puffer. Mit seiner motivierten Lerngruppe aus dem Semester rechnet er nun die Übungsblätter durch.
4 Tage vor der Klausur: Die Übungen sind durchgerechnet. Nun beginnt das Bearbeiten der Probeklausur und der Altklausuren. Auch der Student mit Köpfchen hat phasenweise keine Motivation. Er erinnert sich aber an sein Warum und reißt sich zusammen.
2 Tage vor der Klausur: Auch die Klausuren sind abgearbeitet. Die Arbeit an der Problemliste beginnt. Nicht mehr lange, dann ist es geschafft. Durchhalten!
Tag der Klausur: Gut vorbereitet geht es in die Klausur und zack: 1,7. High Five!

Der Elite-Student befolgt nicht nur viele Regeln dieses Buches in seinem Alltag. Er berücksichtigt sogar fast alle. Der Elite-Student arbeitet bereits das gesamte Semester fleißig an seinen Zielen. Die nächste Klausur ist nur ein Mosaikstein in seinem langfristigen Plan für die nächsten Jahre. Der hängt aufgeschrieben in seinem Zimmer. Auch er verbringt Quality-Time mit Freunden, Partner und Familie. Jedoch befolgt er dabei das Prinzip des umgekehrten Mengenrabattes und nimmt sich gerade so viel Freizeit, bevor der Effekt in zu starkem Maße eintritt. Er ist nur selten bei Vorlesungen gewesen, aber bei allen Übungen. Da er das Studium deutlich beschleunigt, kann er nicht alle Veranstaltungen wahrnehmen. Verständnismäßige Unklarheiten räumt er immer sofort durch Nachfragen aus. Sind die Unklarheiten größer, macht er eine Sprechstunde mit seinem Dozenten aus und stellt Fragen, bis er hinausgeworfen wird. Von mehreren Dozenten ist er bereits gefragt worden, ob er sich nicht vorstellen könne, am Lehrstuhl zu arbeiten. Stets lehnt er ab unter Berücksichtigung der Kosten der verlorenen Alternative. Lieber nutzt er die gewonnene Zeit, um das Studium schneller und besser abzuschließen und somit früher einen hochdotierten Vollzeitjob anzutreten. Jedes verlorene Semester kostet ihn schließlich ein halbes Einstiegsgehalt an Kosten der verlorenen Alternative. So viel ist ihm eine längere Studienzeit dann doch nicht wert. Für die Klausurvorbereitung bleiben ihm nur fünf Tage Zeit. Soziale Kontakte friert er für die nächsten Tage ein und schaltet auf Tunnelblick. Ein Tag durchgängiges Lernen mit der Clockwork-Tomato-App reichen für das Zusammenfassen der Vorlesungsmitschriften, zwei weitere Tage für das Durcharbeiten der Übungsblätter. Für das Durcharbeiten von Alt-und Probeklausuren sowie der Problemliste benötigt er auch den letzten Tag Puffer. Seine Vorbereitung beendet er erst, wenn auf der Problemliste keine einzige problematische Aufgabe mehr steht. Er macht am Vortag Sport,

um seine geistige Leistungsfähigkeit zu steigern.[73] Im Idealfall macht er das sogar regelmäßig. Während der Lernphase hat er außerdem viel Fisch gegessen, um seine Gedächtnisleistung zu verbessern.[74] Er geht rechtzeitig schlafen. Sein Handy bleibt ab jetzt bis zur Klausur im Flugmodus. Am Klausurtag ist er hochkonzentriert. Er geht vor seinem geistigen Auge die Klausursituation durch. Souverän schreibt er seine 1,0. Double High Five!
Für mündliche Prüfungen zu lernen, unterscheidet sich übrigens nicht maßgeblich von dem obigen Prozedere. Statt Altklausuren durchzuarbeiten, solltest du hierbei im Idealfall mithilfe von alten Protokollen Prüfungen simulieren. Sowohl bei sehr schwierigen Klausuren als auch bei mündlichen Prüfungen sollte die Zeitplanung mit dem Faktor zwei oder drei multipliziert werden.

Ob du nun der Student mit Köpfchen oder der Elite-Student sein willst, liegt bei dir. Mit dem Wissen aus diesem Buch ist beides möglich. Du kannst die Studienhacks nutzen, um durch effizientes Arbeiten bei gleichen Noten mehr Freizeit zu haben. Oder du kannst die Zeitgewinne für noch mehr Arbeitszeit und noch mehr Erfolg im Studium nutzen. Dieses Buch hilft dir, die ungenutzten Potenziale zu heben.

---

[73]Vgl. Heinrich, Christian: Lauf Dich Schlau, in: SPIEGEL ONLINE, 03.09.2013, [online].

[74]Vgl. t-online.de, o.A.: Omega-3-Fettsäuren verbessern die Hirnleistung, in: www.t-online.de, 11.07.2008, [online].

4 Nachwort

Herzlichen Glückwunsch! Wenn du tatsächlich bis hierhin gelesen hast, werden deine Noten im Studium schon bald einen Sprung nach oben machen. Du bist jetzt bewaffnet mit den besten Techniken für dein Studentenleben. Viele davon werden den meisten Studenten bis zum Ende ihres Studiums verborgen bleiben, weshalb sie nie ihr volles Potenzial entfalten werden. Es fehlt nur noch die letzte und zugleich wichtigste Zutat für deinen Erfolg: die Umsetzung. Die besten Tipps und Tricks nützen schließlich nichts, wenn sie bloße Theorie bleiben. Nur wenn du die vielen neuen Impulse in diesem Buch auch in deinem Alltag anwendest, wirst du Erfolg haben. Das müssen nicht alle Studienhacks auf einmal sein. Fang schrittweise an. Versuch Schritt für Schritt, Tag für Tag, immer ein bisschen besser zu werden. Rock dein Studium!

5 Danksagung

„Wie schreibt man denn jetzt so ne Danksagung?“
„Das hast du im Mathestudium nicht gelernt, was?“, lacht meine Mutter. „Verlag, Familie und Freunden danken!“ Verlag hab ich nicht. Familie hab ich! Danke, Papa! Danke, Mama! Niemand hat das Buch so oft gelesen wie ihr. Damit seid ihr perfekt gewappnet für ein Zweitstudium der Kunstgeschichte!

Ich möchte auch meinen Freunden danken. Danke an Alvaro: dafür, dass wir das gemeinsame Essen bei Vapiano mehrfach verschieben konnten. In diesem Jahr klappt es bestimmt! Immerhin konnte ich dadurch meine Studienhacks in einem Buch für die folgenden Generationen verzweifelter Studenten konservieren. Danke, Lydia, für aufheiternde Alpaka-Memes in Phasen, in denen die Inspiration gefehlt hat. Danke an Tilman und Lennart, die ihr Fachwissen als Psychologiestudenten in ein ausführliches Feedback haben einfließen lassen. Danke an Carlotta für das erfrischend ehrliche Feedback zur ersten Version des Buchcovers, das ab nun für immer in den Weiten meines Laptops verborgen bleiben wird. Danke an Helena, Kathi und Jan für eure Anregungen. Danke an Mario, dass du wieder einmal mit einem deiner Kochexperimente unsere Küche fast abgefackelt hast, in der ich doch so gerne arbeite. Und wer isst wirklich gerne gebratene Würstchen mit Nudeln, und nem ganzen Stück Käse? Das ist krank, Mario. Wirklich! Danke, Rudi_Design für das Coverdesign, nachdem zuvor gefühlte 34 Änderungswünsche (besonders von Carlotta) umgesetzt werden mussten. Danke, Frau Dr. Zaffarana für das sprachliche Schleifen des Rohdiamanten von Text zu einem Buch.

Und ich möchte natürlich auch meinen Lesern danken: Durch euch fahre ich jetzt Lamborghini, Porsche und Ferrari. Meine Pizza bestelle ich inzwischen auch immer mit doppelt Käse. Danke!

Quellen

[1] Rudi_design: Profil auf 99designs, in: 99designs, [online]
https://99designs.de/profiles/3144522 [10.01.2020].

[2] Zaffarana, Maria: Korrektorat & Lektorat, in: korrektoratlektorat.de, [online]
https://korrektoratlektorat.de [07.01.2020].

[3] Deutsche Nationalbibliothek: DNB, Katalog der Deutschen Nationalbibliothek, in: Deutsche Nationalbibliothek, [online]
https://portal.dnb.de/opac.htm;jsessionid=VhjmvZdXCcnhADHOYEm0Y40Sa97XNe7Yi-O_FiB1.prod-fly8?view=redirect%3A%2Fopac.htm&dodServiceUrl=https%3A%2F%2Fportal.dnb.de%2Fdod
[07.01.2020].

[4] Tredition, o.A.: Buchinnenteil (Buchblock), in: Tredition, [online]
https://tredition.de/veroeffentlichung/ablauf/buchblock [07.01.2020].

[5] Brücker, Tobias: Mit 21 Doktorand der Volkswirtschaft, in: RP ONLINE, 30.12.2018a, [online]
https://rp-online.de/nrw/staedte/leichlingen/leichlingen_aid-35384705 [13.12.2019].

[6] Schädel, Sophie: Studium auf der Überholspur, in: akduell, 13.05.2019, [online]
https://www.akduell.de/home/studium-freizeit/studium-auf-der-ueberholspur [13.12.2019].

[7] Brücker, Tobias: Leichlinger Mathe-Genie ist mit 21 Jahren schon Doktorand, in: Westdeutsche Zeitung, 30.12.2018b, [online] https://www.wz.de/nrw/kreis-viersen/leichlingen_aid-35386875 [13.12.2019].

[8] Gen*ZEO: Talents 2019 | Gen*ZEO, in: Gen*ZEO, 2019, [online] https://gen-zeo.com/talents [13.12.2019].

[9] Studentenleben: Profil auf Facebook, in: Facebook, 2016, [online] https://www.facebook.com/Studentenleben/photos/a.271036219639135/1047230622019687/?type=3&theater [13.12.2019].

[10] Eucalyp: Thesis [Icon], in: www.flaticon.com, is licensed by CC 3.0 BY, [online] https://www.flaticon.com/free-icon/thesis_948265?term=Thesis&page=1&position=2 [22.01.2020].

[11] geotatah: Slumber [Icon], in: www.flaticon.com, is licensed by CC 3.0 BY, [online] https://www.flaticon.com/free-icon/slumber_991943?term=Slumber&page=1&position=1 [22.01.2020].

[12] Freepik: Cocktail [Icon], in: www.flaticon.com, is licensed by CC 3.0 BY, [online] https://www.flaticon.com/free-icon/cocktail_920614?term=cocktail&page=2&position=74 [22.01.2020].

[13] Matthews, Gail: Goals Research Summary, in: Ninth Annual International Conference of the Psychology Research Unit of Athens Institute for Education and Research (ATINER), 2015, [online]. https://www.dominican.edu/academics/lae/undergraduate-programs/psych/faculty/assets-gail-matthews/researchsummary2.pdf [14.12.2019].

[14] Doran, George T. : There is a S.M.A.R.T way to write Management's Goals and Objectives, in: Management Review 70(11), S.35f., 1981, [online] https://community.mis.temple.edu/mis0855002fall2015/files/2015/10/S.M.A.R.T-Way-Management-Review.pdf [14.12.2019].

[15] Allen, David: Getting Things Done: The Art of Stress-Free Productivity, Revised, o.O, o.O: Verlag: Penguin Books, 2015. S.39.

[16] Any.do Inc. „Any.do“ [Mobile application software]. https://play.google.com/store/apps/details?id=com.anydo [14.12.2019].

[17] TheSimpleClub GmbH. „simpleclub - Deine Lern-app“ [Mobile application software]. https://simpleclub.com/de/p/unlimited-basic/ [14.12.2019].

[18] Bundeszentrale für politische Bildung, o.A.: Grenznutzen, in: Bundeszentrale für politische Bildung, 2016, [online] http://www.bpb.de/nachschlagen/lexika/lexikon-der-wirtschaft/19552/grenznutzen [14.12.2019].

[19] Röttker, Corinna Clara: Zwei Tage Urlaub können besser als vier Wochen sein, in: DIE WELT, 08.09.2017, [online] https://www.welt.de/wirtschaft/karriere/bildung/article168451746/Zwei-Tage-Urlaub-koennen-besser-als-vier-Wochen-sein.html [07.01.2020].

[20] Mai, Jochen: Eisenhower-Prinzip: Wichtig versus Dringend, in: karrierebibel.de, 14.01.2017, [online] https://karrierebibel.de/eisenhower-prinzip [14.12.2019].

[21] Management Circle, Gastredakteur: Zeitmanagement mit der ABC-Analyse, in: Management-circle.de, 02.07.2018, [online] https://www.management-circle.de/blog/zeitmanagement-mit-der-abc-analyse [14.12.2019].

[22] Naujokat, Torben: Zeitmanagement: Von Eisenhower-Prinzip bis ABC-Analyse, in: modu-learn.de, [online] https://www.modu-learn.de/verstehen/personal-fuehrung/zeitmanagement/ [14.12.2019].

[23] Mai, Jochen: Pareto Prinzip: Die Gefahr der 80-20-Regel, in: karrierebibel.de, 09.10.2019b, [online] https://karrierebibel.de/pareto-prinzip [14.12.2019].

[24] Mangold, Thomas: Produktiver arbeiten mit der Pomodoro-Technik?, in: selbst-management.biz, [online] https://www.selbst-management.biz/pomodoro-technik [14.12.2019].

[25] Wilke, Anna: Arbeitsrhythmus Der Schlüssel zu mehr Produktivität, in: Impulse, 06.01.2016, [online] https://www.impulse.de/management/selbstmanagement-erfolg/arbeitsrhythmus/2179078.html [14.12.2019].

[26] Schmitt, Peter-Phillip: Ich würde meinem Freund einen Zebralook verpassen, in: FAZ, 11.08.2013, [online] https://www.faz.net/aktuell/gesellschaft/schutz-vor-insekten-ich-wuerde-meinem-pferd-einen-zebralook-verpassen-12514985.html [14.12.2019].

[27] Cicero, Marcus Tullius: [Zitat], in: Aphorismen.de, [online] https://www.aphorismen.de/zitat/3381 [14.12.2019].

[28] Held, Benedikt: RedeFabrik: Kommunikation & Charisma, in: YouTube, [online] https://www.youtube.com/channel/UCkC-9P-VbzSNzsgMwtGdOXg [14.12.2019].

[29] Mehrabian, Albert: "Silent Messages" – Description and Ordering Information, in: KAAJ.com, 1981, [online] http://www.kaaj.com/psych/smorder.html [14.12.2019].

[30] Chamorro-Premuzic, Tomas: Do So Many Incompetent Men Become Leaders?, in: Harvard Business Review, 22.08.2013, [online] https://hbr.org/2013/08/why-do-so-many-incompetent-men [14.12.2019].

[31] Rabe, L.: Ranking der Länder mit höchster durchschnittlicher Nutzungsdauer von Social Networks weltweit im Jahr 2018, in: Statista, [online] https://de.statista.com/statistik/daten/studie/160137/umfrage/verweildauer-auf-social-networks-pro-tag-nach-laendern [14.12.2019].

[32] Rein, Jan: Digital Wellbeing – Apple und Google kümmern sich um digitales Wohlbefinden, in: janrein.de, [online] http://janrein.de/digital-wellbeing-digitales-wohlbefinden [14.12.2019].

[33] Parkin, Simon: Has dopamine got us hooked on tech?, in: The Guardian, 04.05.2018, [online] https://www.theguardian.com/technology/2018/mar/04/has-dopamine-got-us-hooked-on-tech-facebook-apps-addiction [14.12.2019].

[34] Piekenbrock, Dirk: Opportunitätskosten, in: Gabler Wirtschaftslexikon, 19.02.2018, [online] https://wirtschaftslexikon.gabler.de/definition/opportunitaetskosten-42091/version-265445 [14.12.2019].

[35] GEO.de, o.A: So gefährlich ist die Schlummertaste, in: GEO Magazin, 2016, [online] https://www.geo.de/wissen/14718-rtkl-snoozen-schadet-so-gefaehrlich-ist-die-schlummertaste [14.12.2019].

[36] Nehrenheim, Dennis: Die ultimative Anleitung im Kampf gegen den Snooze Button, in: Ubermind.de, 21.05.2016, [online]

https://ubermind.de/snooze-button-anleitung [14.12.2019].

[37] Ferriss, Tim: [Zitat], in: Goodreads.com, [online] https://www.goodreads.com/quotes/8195089-what-you-do-is-more-important-than-how-you-do [14.12.2019].

[38] Baumann, Steffanie: Die First-Brick-Methode - Endlich anfangen und durchhalten, in: schreibscheune.de, 09.07.2018, [online] https://schreibscheune.de/die-first-brick-methode-endlich-anfangen-und-durchhalten [14.12.2019].

[39] mystipendium.de, o.A.: Lerntypen: Welcher der 4 bist Du?, in: myStipendium.de, [online] https://www.mystipendium.de/studium/lerntypen [14.12.2019].

[40] Groll, Tina: Multitasking: Alles gleichzeitig funktioniert nicht, in: ZEIT ONLINE, 20.09.2012, S.1-2, [online] https://www.zeit.de/karriere/beruf/2012-08/multitasking-gehirnleistung. [14.12.2019].

[41] Skaleneffekte. Wirtschaftslexikon24.com, o.A.: Skaleneffekte, in: Wirtschaftslexikon24.com, [online] http://www.wirtschaftslexikon24.com/d/skaleneffekte/skaleneffekte.htm [14.12.2019].

[42] Mecke, Ingo: Sunk Costs, in: Gabler Wirtschaftslexikon, [online]

https://wirtschaftslexikon.gabler.de/definition/sunk-costs-48834 [14.12.2019].

[43] M, Mateusz, in: YouTube, [online] https://www.youtube.com/user/TheMiro0r [15.12.2019].

[44] Goggins, David: Can't Hurt Me: Master Your Mind and Defy the Odds, o.O., o.O.: Lioncrest Publishing, 2018.

[45] Blinks Labs GmbH. „Blinkist" [Mobile application software] https://www.blinkist.com/de [15.12.2019].

[46] Gruenderszene.de, o.A.: A/B-Test, in: Gruenderszene.de, [online] https://www.gruenderszene.de/lexikon/begriffe/ab-test [15.12.2019].

[47] Blinks Labs GmbH. „Blinkist" [Mobile application software] – Zusammenfassung: Schmitz, Wolfgang: Schneller lesen - besser verstehen, Hamburg, 2013. https://www.blinkist.com/de/books/schneller-lesen-besser-verstehen-de [15.12.2019].

[48] Blinks Labs GmbH. „Blinkist" [Mobile application software] – Zusammenfassung: Buzan, Tony: Speed Reading: Schneller lesen - mehr verstehen - besser behalten, Hamburg: MVG Moderne, 2017, S.3 https://www.blinkist.com/de/books/schneller-lesen-besser-verstehen-de [15.12.2019].

[49] Maennertagebuch.de, o.A.: Die 38 besten Zitate von Tim Ferriss, in: MännerTagebuch, 04.10.2017,

[online]
https://maennertagebuch.de/besten-zitate-tim-ferriss [15.12.2019].

[50] Wissenschaft.de, o.A.: Adrenalin – das Action-Hormon, in: wissenschaft.de, 13.12.2018, [online] https://www.wissenschaft.de/gesundheit-medizin/adrenalin-das-action-hormon [15.12.2019].

[51] Vance, Ashlee / Musk, Elon: Elon Musk: Wie Elon Musk die Welt verändert - Die Biografie, München, Deutschland: Finanzbuch Verlag, 20.05.2015, S. 190.

[52] Spiegel Online, o.A: Kramp Karrenbauer will alle Ämter niederlegen, wenn sie nicht gewählt wird, in: SPIEGEL ONLINE, 17.11.2018, [online] https://www.spiegel.de/politik/deutschland/annegret-kramp-karrenbauer-will-alle-cdu-aemter-bei-nicht-wahl-niederlegen-a-1239034.html [15.12.2019].

[53] Online Rechtschreibprüfung - Kostenlos Rechtschreibung und Grammatik prüfen, in: rechtschreibpruefung24.de, [online] https://rechtschreibpruefung24.de [15.12.2019].

[54] Hartmann, Corinna: Aufräumen: Was Unordnung mit uns macht, in: Spektrum der Wissenschaft, 14.02.2019, [online] https://www.spektrum.de/news/was-unordnung-mit-uns-macht/1624160 [15.12.2019].

[55] Manager Magazin, o.A: Warum Pflanzen im Büro die Produktivität von Angestellten steigern, in: manager

magazin, 02.09.2014, [online]
https://www.manager-magazin.de/lifestyle/artikel/warum-pflanzen-im-buero-die-produktivitaet-von-angestellten-steigern-a-989400.html [15.12.2019].

[56] Lanzke, Alice: Zimmerpflanzen machtlos gegen Schadstoffe, in: WELT, 18.11.2019, [online]
https://www.welt.de/print/die_welt/wissen/article203598950/Zimmerpflanzen-machtlos-gegen-Schadstoffe.html [15.12.2019].

[57] Mai, Jochen: Parkinsonsche Gesetz: Ach, ist noch Zeit..., in: karrierebibel.de, 03.09.2016, [online]
https://karrierebibel.de/parkinsonsche-gesetz [15.12.2019].

[58] Warkentin, Nils: Eat the Frog: Besseres Zeitmanagement, in: karrierebibel.de, 06.02.2018, [online]
https://karrierebibel.de/eat-the-frog [15.12.2019].

[59] Gruenderszene.de, o.A.: Lean-Startup, in: Gruenderszene.de, [online]
https://www.gruenderszene.de/lexikon/begriffe/lean-startup [15.12.2019].

[60] Christian Rieck: Dominante / dominierte Strategie, in: Professor Rieck's Spieltheorie-Seite, 2008, [online]
http://www.spieltheorie.de/spieltheorie-grundlagen/dominante-strategie [15.12.2019].

[61] Breus, Michael: The Power of When, o.O., o.O.: Ebury Digital, 2016.

[62] Breus, Michael: What's Your Chronotype?, in: The Power of When | Quiz, [online] https://thepowerofwhenquiz.com [15.12.2019].

[63] KERNWERK GmbH. „KernWerk“ [Mobile application software]. https://kernwerk.de/index.php [15.12.2019].

[64] Wrede, Jan: Was ist die optimale Schlafdauer? Erholsamer Schlaf ohne Schlafmangel, in: SomniShop.com, 30.06.2017, [online] https://somnishop.com/schlaf-die-optimale-schlafdauer [15.12.2019].

[65] Sleep Cycle Alarm Clock, o.A.: How Sleep Cycle works, in: sleepcycle.com, [online] https://www.sleepcycle.com/how-sleep-cycle-works [15.12.2019].

[66] Bastian Barami: Der Uberman: Pimp my Life mit Polyphasenschlaf, in: officeflucht.de, 07.07.2016, [online] https://officeflucht.de/uberman-polyphasenschlaf [15.12.2019].

[67] Schroeder, Johannes: Schlafumgebung optimieren: Wie Du mit dem perfekten Schlafzimmer besser entspannst, in: ahead-nutrition.com, 23.10.2019, [online] https://www.ahead-nutrition.com/blogs/schlaf/schlafumgebung [15.12.2019].

[68] Müller, Thomas: Wenn Blaulicht den Schlaf raubt, in: Ärztezeitung, 02.04.2012, [online]

https://www.aerztezeitung.de/Medizin/Wenn-Blaulicht-den-Schlaf-raubt-284295.html [15.12.2019].

[69] Meine-Gesundheit.de, o.A.: Das optimale Schlafzimmer, in: Meine-Gesundheit.de, [online] https://www.meine-gesundheit.de/ratgeber/schlaf/schlafzimmer-bett [15.12.2019].

[70] Merlot, Julia: Schläft man vor Mitternacht am besten?, in: SPIEGEL ONLINE, 07.07.2014, [online] https://www.spiegel.de/gesundheit/diagnose/mythos-oder-medizin-ist-der-schlaf-vor-mitternacht-besonders-erholsam-a-975973.html [15.12.2019].

[71] Pleil, Annika: Powernapping: Fit durch Turboschlaf in 3 Schritten, in: Getsurance.de, 10.07.2017, [online] https://getsurance.de/ratgeber/powernapping [15.12.2019].

[72] Langemak, Shari: Leistung: Was Sie beim Powernap beachten müssen, in: WELT, 15.09.2013, [online] https://www.welt.de/gesundheit/article120004211/Was-Sie-beim-Powernap-beachten-muessen.html [15.12.2019].

[73] Heinrich, Christian: Lauf Dich Schlau, in: SPIEGEL ONLINE, 03.09.2013, [online] https://www.spiegel.de/gesundheit/ernaehrung/sport-steigert-das-gehirn-leistungsvermoegen-a-917596.html [15.12.2019].

[74] t-online.de, o.A.: Omega-3-Fettsäuren verbessern die Hirnleistung, in: www.t-online.de, 11.07.2008, [online]

https://www.t-online.de/gesundheit/ernaehrung/id_3743940/omega-3-fettsaeuren-verbessern-die-hirnleistung.html [15.12.2019].

Printed in Poland
by Amazon Fulfillment
Poland Sp. z o.o., Wrocław

91651791R00063